これからの相続対策は

「残す・貯める」から「資産活用」へ

相続実務士
曽根恵子

発行：ダイヤモンド・ビジネス企画　発売：ダイヤモンド社

はじめに

相続対策のイメージは？

みなさんは「相続対策」と言うと、何をイメージされますか？

きっと、こんな答えが返ってくるのではないでしょうか？

①相続税を払えるように銀行にお金を貯めておくこと

②子どもや孫名義の口座を作ってお金を残しておくこと

③借り入れをして賃貸マンションを建てること

④法人を作って不動産を法人名義にすること

⑤不動産は生前に子ども名義にすることなどなど

どれも、確かに相続対策になりそうな項目ですが、果たして、そうでしょうか？実は、①〜⑤の方法はしないほうがよい場合があり、必ずしも相続対策として有効とは言えないのです。

なぜなら、①は貯めた預貯金に課税されますので節税対策にならず、減ってしまいます。②は名義預金といい、名義が違っても贈与されたことにはならず、相続財産として課税されます。③は借入ありきでは節税はできても収支が合わなければ、返済が大きな負担になります。④は法人が個人にお金を払って法人名義にするためお金が増えてしまい、相続税の節税になりません。⑤は登録免許税や不動産取得税が余分にかかるため、慎重な判断が必要になります。

こうした課題があるにもかかわらず、相続対策が必要な人、特に親世代の人ほど「相続税を払うために銀行に預金をして残しておこう」とされているのが現状なのです。

増え続ける相続トラブル

相続争いが増え続けているというデータがあります。相続人だけでは話し合いがまとまらない場合は、家庭裁判所の調停に申し立てることになりますが、その数は年々増えており、20年間で1.5倍になっているのです。

財産が多いご家庭ほどもめるのかと思いがちですが、現実は調停になる方の財産は5000万円以下が8割を超えているのです。相続トラブルがいかに身近な、普通のご家庭の問題だということがわかります。2025（令和7）年には65歳以上の高齢者が全人口の30％を超える時代が来ますので、亡くなる人の数が増える分、相続トラブルも増え続けるのではないかと懸念されるところです。

遺産分割事件調停・審判申立数

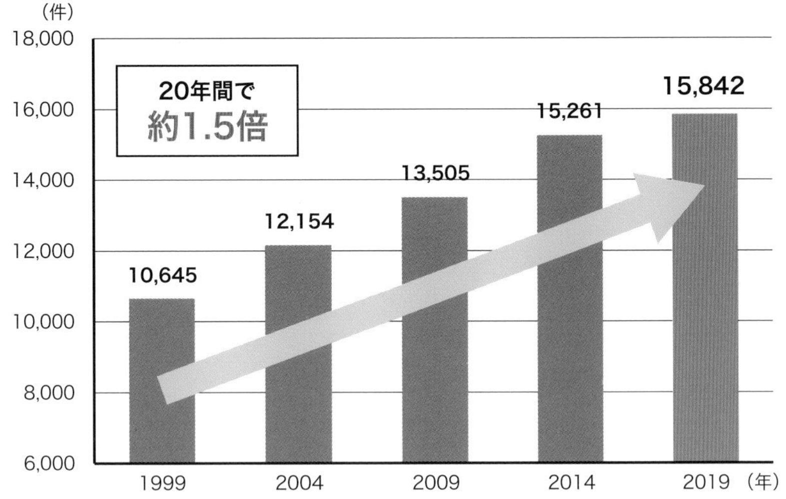

出典：裁判所「司法統計年報（家事事件編）」

遺産分割事件のうち認容・調停成立件数 遺産の価額別 2019(令和)元年

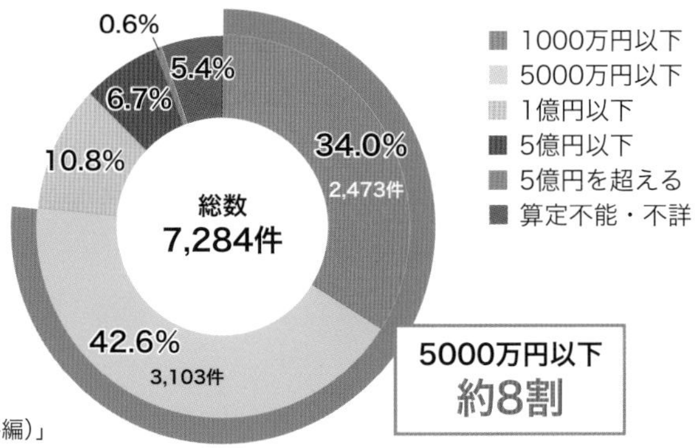

出典：裁判所
「司法統計年報（家事事件編）」

高齢化の推移と将来推計

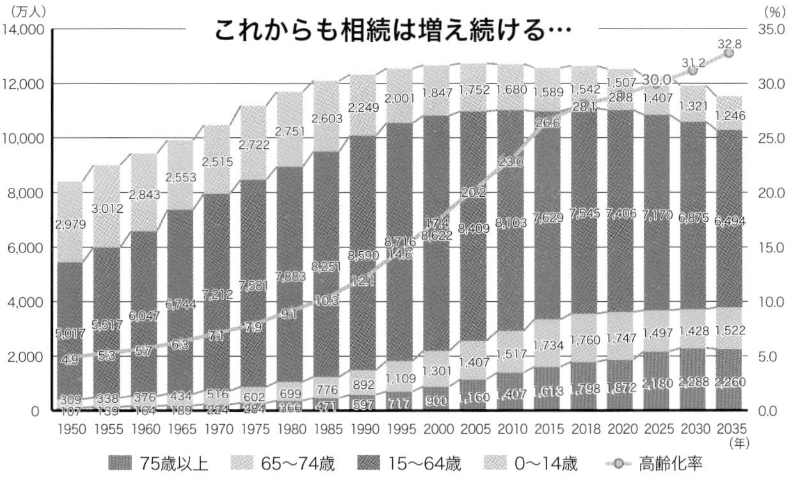

出典：「令和3年版高齢社会白書」の「高齢化の推移と将来推計」より加工して作成

相続を取り巻く現状

相続を取り巻く現状についてのアンケートからは、①核家族化、②“生前対策”をしていない人がほとんどという結果が出ており、なぜ、相続トラブルに発展するのかということの理由が如実に表れています。

さらに、親子で相続の話をしたことがないという人が6割という結果。親世代は「話すほどの資産はないと思っている」ことがわかり、子ども世代は「親には話しづらい」と回答しています。いずれにしても「対策ができていないから相続トラブルになる」ということが見えてきます。

相続トラブルの理由

理由①：核家族化

核家族化
家族コミュニケーションの希薄化
↓
家族の骨肉の争いが激増

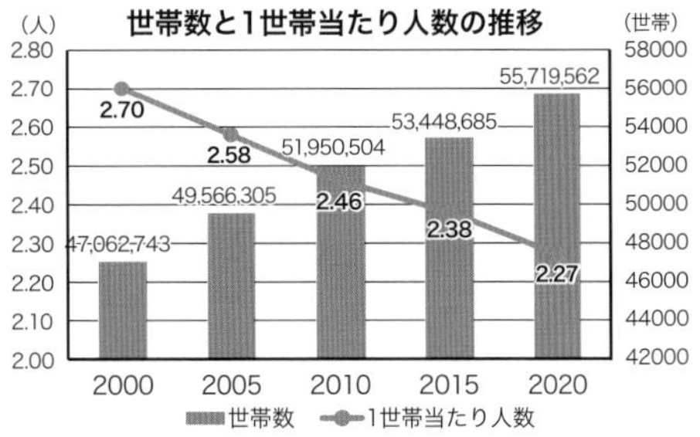

出典：「国勢調査結果」（総務省統計局）を加工して作成

理由②：“生前対策”をしていない人がほとんど

あなたは相続対策をしていますか？

出典：「親と子の相続意識調査2021」はなまる手帳

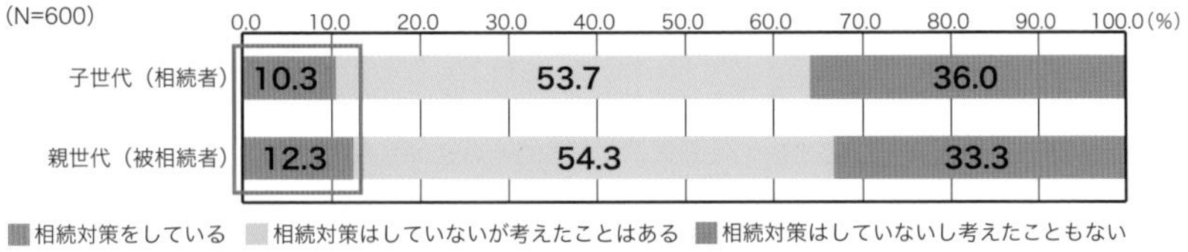

相続対策をしている人は、世代に関係なく、わずか1割

親または子どもと相続の話をしたことがありますか？

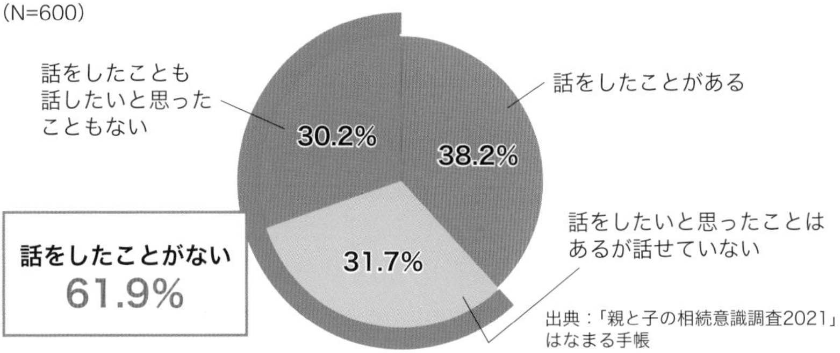

出典：「親と子の相続意識調査2021」はなまる手帳

家族と相続の話をしたことがない人は、6割以上も

親または子どもと相続の話をしない理由は何ですか？

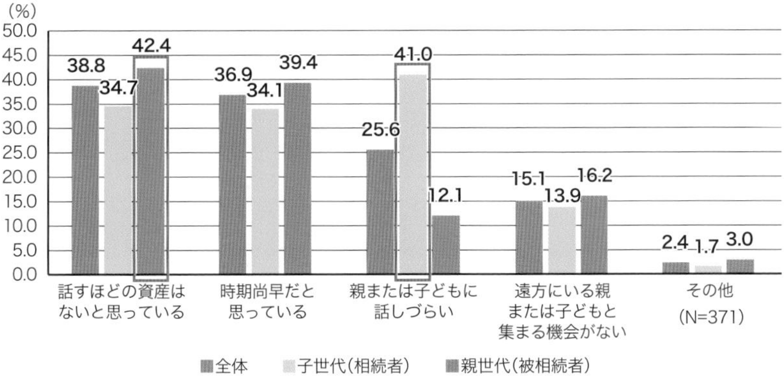

家族と相続の話をしない理由で、親世代のトップは**「話すほどの資産はないと思っている」**。
一方、子世代で最も多かった回答は、**「親または子どもに話しづらい」**。
子世代のほうが、親に気を使ってしまうのか、話しづらさを強く感じている傾向がみられた。

出典：「親と子の相続意識調査2021」はなまる手帳

相続対策を変えるのは子ども世代

相続の意識調査の中で、親世代より子ども世代のほうが相続対策の意識が変わったという結果が出ています。意外に思われるかもしれませんが、現状が現れています。私は今までに1万4800人を超える方からご相談を受けて、相続対策の実務をご提案、サポートしてきました。そうした現実の相続でもわかることは、相続の手続きや実務は高齢の親世代よりは動きやすい子ども世代が担っているのです。

相続になってからのご相談も多いのですが、2015（平成27）年に相続税が改正されて増税になった頃から、生前対策のご相談が増えてきました。最近のご相談例を挙げてみますと、半数以上は子ども世代が親と一緒に相談に来られています。財産を所有するのは親ですが、背中を押すのは引き継ぐ立場の子ども世代なのです。

コロナ感染拡大の影響で相続対策への意識は変わりましたか？

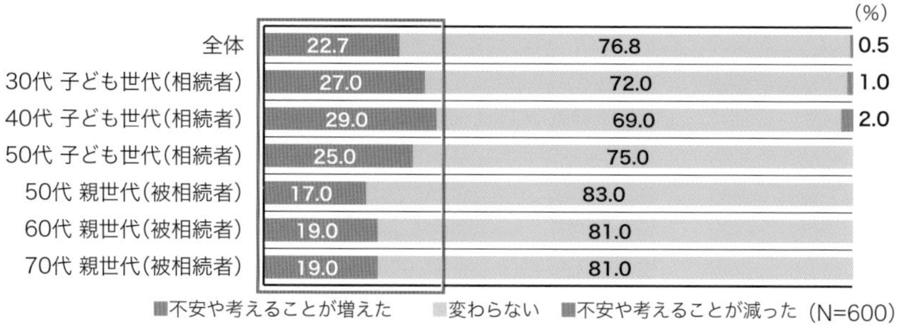

コロナの影響で、およそ4人に1人が「不安や考えることが増えた」と回答。また、子ども世代のほうが、その傾向が強い結果に。

【実施概要】
調査名：親と子の相続意識調査2021　調査方法：インターネット調査　調査期間：2021年6月8日～6月10日
調査対象：親が存命であり、親から資産を受ける可能性のある相続者(30～50代)、
親が亡くなっており、子に資産を相続する予定の被相続者(50～70代)
サンプル数：600名

出典：「親と子の相続意識調査2021」はなまる手帳

新規面談相談の概略

2021年3月11日～4月6日

	相談者		相談のきっかけ	財産総額	相談の内容	
相続後	山梨県 40代 K様		書籍『相続に困ったら最初に読む本』	7億円	父親の相続税申告	子ども
生前	東京都 70代 R様		コラム（ホームページ）	1億円	自分の生前対策	本人
相続後	東京都 50代 M様 姉と2人		書籍『はじめての相続』	1.5億円	母親の相続税申告	子ども
生前	埼玉県 50代 U様 オンライン、夫婦		コラム（ホームページ）	2.3億円	父親の生前対策	親と検討
生前	東京都 70代 I様		書籍『身内が亡くなった後の手続きがすべてわかる本』	1.2億円	自分の生前対策	本人
生前	東京都 50代 Y様 母と2人		書籍『財産を減らさない相続対策』	3.3億円	自宅の土地活用	親と検討
生前	東京都 40代 S様 両親と3人		書籍『いちばんわかりやすい相続・贈与の本』	4.2億円	父親の生前対策	親と検討
生前	大阪府 40代 Y様 オンライン		コラム（ホームページ）	2億円	母親の生前対策	親と検討
生前	東京都 40代 T様		セミナー	2億円	父親の生前対策	親と検討

（夢相続データ）

親子で相続の話ができるようになるための本

『親または子どもと相続の話をしたことがありますか？』
『親または子どもと相続の話をしない理由は何ですか？』

前項でご紹介したアンケートの質問項目ですが、皆さまの答えはいかがでしょう？

私がご相談を受けてきたお客様の多くの方が「親または子どもと相続の話をしたことがない」と言われます。そしてその理由は、「話すほどの財産ではない」と思っていられるし、「親または子どもには話しにくい」とも言われます。

本当にアンケート結果はそのまま、現実と符合していますので、やはりという思いです。

そして、そのまま相続を迎えたご家庭では、親から何も聞いていないと苦労しながら相続の手続きをされるのですが、兄弟姉妹でもめたり、多くの相続税を払ったりしなければならず、後悔されて兄弟姉妹は絶縁となりかねません。相続で失敗しないためには、親子で協力して親が元気なうちから相続対策に取り組むことが必要です。

「相続対策」も変わらなければならない時代になっていると言えますが、親世代ではなかなか切り替えができないところ。そうしたときは、子ども世代が親をサポートしながら、「相続対策」を進めていかれてはいかがでしょう？

本書は親子で取り組む相続対策の手引書になればという思いでまとめました。「相続対策」の選択肢はいくつもあり、迷うことも多々あることでしょう。そうしたときにはいつでもご相談いただき、アドバイス、ご提案する機会があれば幸いです。皆様の相続対策がスムーズに進み、ご家族がご円満でいられますことを祈念しております。

2021年10月

㈱夢相続　相続実務士®　曽根惠子

CONTENTS

第1章

相続対策
する前に
知っておきたい
相続の現状

①1万4800件の相続相談からわかったこと

相談のトップは遺産分割のもめごと 身内で裁判もめずらしくない

私は相続実務士として、東京都中央区の「夢相続」のオフィスで、毎日、全国から寄せられる相続相談を受けています。相続相談はこれまで1万4800件を超え、多くの方にお会いしてお話を伺い、アドバイスをしてきました。

その中で毎年多いのは、相続になって遺産分割がうまくいかないというご相談なのです。親子や兄弟姉妹で話し合うことができなくなってしまい、困り果てて来られる方が多く、中には、すでに家庭裁判所の調停や裁判をされている方もあります。

亡くなった人の遺言書があればご本人の意思として優先されますので、スムーズに相続手続きが進められます。けれども、遺言書を残さなかった方の場合は相続人全員で話し合い、財産の分け方を決めて手続きをすることになります。家族の相続だから、円満に話し合いができるはずと思いたいところですが、そう簡単にはいきません。

相続の手続きをするために集まると、最初は言い合いになり、次第に感情的になり、昔のことや余計なことを言い過ぎて、責め合ってしまうと、身内だからこそひと言が許せなくなります。そして、じかに話をすることもできなくなり、顔を合わすこともなくなります。

そうなると、身内だからこそ許せない、譲れない、絶対に協力しない、ハンコは押さないという気持ちになります。修復できないほどの険悪な関係となり、互いに妥協できないことで絶縁になるのです。

遺産分割の相談者分析①

①遺産額

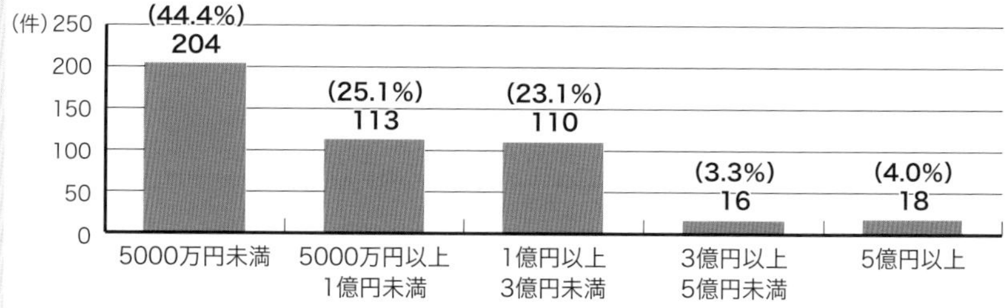

②相続人数

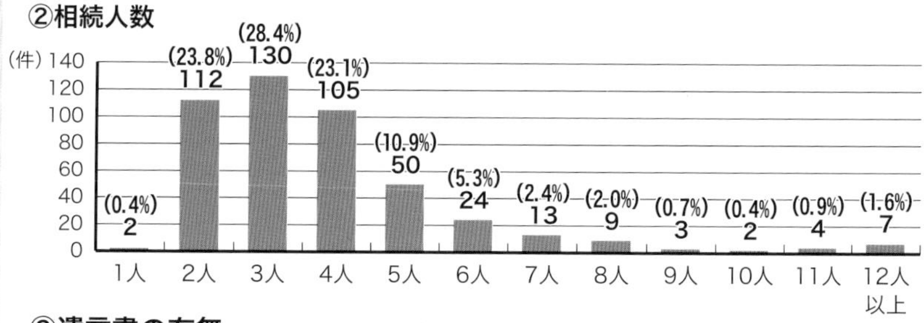

③遺言書の有無

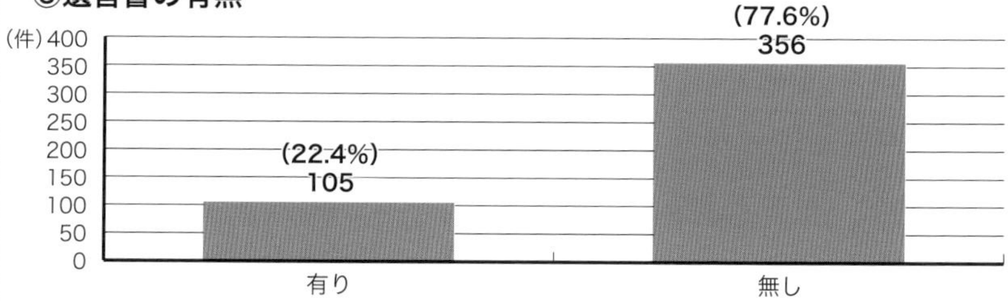

④相続税申告の有無

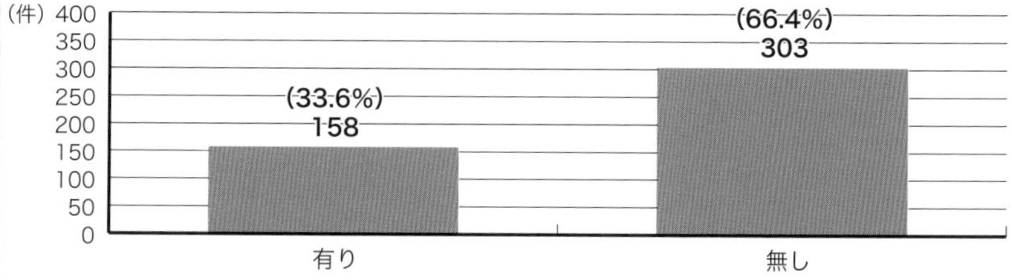

夢相続データ／2007(平成19)年～2020(令和2)年 461人

財産が少ないほうがもめてしまう 他人事と言っていられない

財産が多いからもめるのではと思いがちですが、現実には、財産が少ないほうが深刻にもめてしまう傾向にあります。資産家であれば手続きのために専門家が入りますので、大変になることは少ないのですが、そうでない場合は、家族で手続きを進めるため、調整役がいません。そのため、もめる相手は、実の兄弟姉妹が圧倒的に多いのです。それも二人、三人と、兄弟姉妹が少ないほど簡単にもめてしまう結果となります。

相続税の改正により相続税がかかる人の割合は倍増したとはいえ、まだ亡くなった人の8%台。ほとんどのご家庭では相続税はかからないので、相続の専門家に頼まなくても家族で手続きが進められます。しかし、そうした一般的なご家庭こそ、相続争いに発展しているのが実情ですので、他人事とは言っていられません。

財産がどれだけあるのかを 教えてもらえない

もめる理由の一つに、財産を教えてもらえないことが挙げられます。亡くなった方と同居をしている兄妹姉妹や配偶者から財産を教えてもらえない、分けてもらえないのがよくあるケースです。分け方を決める前は、亡くなった人から相続する共有財産ですので特定の相続人が独り占めできるものではないのに、財産を分けないどころか、預金通帳も見せない、金額も教えないのです。

同居して親の面倒を見てきたので寄与分があると言う相続人と同居は寄与とは認めないという言い分が並行線となることが多いのです。また、過去に贈与がある場合、特別受益として相続から除外したい相続人と、それは困るとする相続人の主張も対立し、認識の違いにより、共に譲れないようです。それぞれ、疑心暗鬼となり、言い争いになり、何年も何十年も前のことまで持ち出して責め合うようになります。

遺産分割の相談者分析②

もめている理由

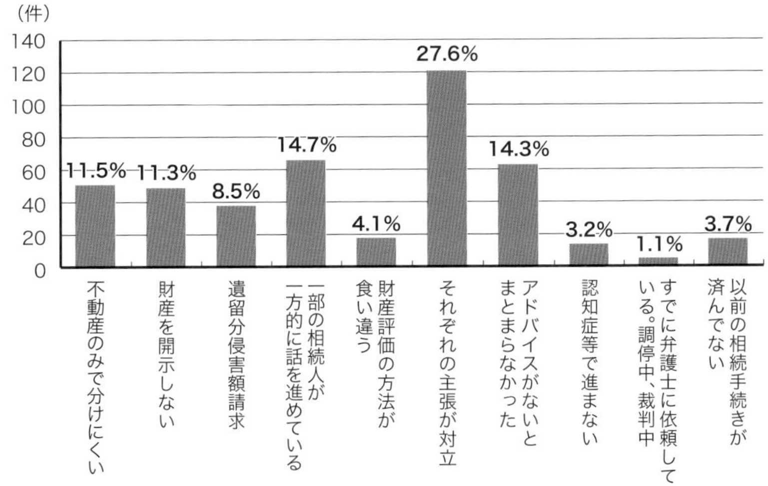

もめている相手方との関係

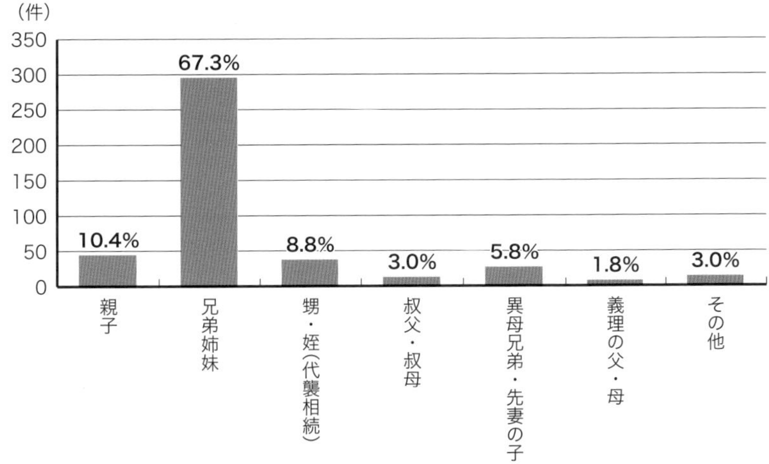

夢相続データ／2007（平成19）年～2020（令和2）年 461人

②「財産分割」がもめごとの原因

財産が分けられないことが争いになる。特に不動産が課題

遺産分割で争いになるのは、財産の多い少ないではありません。

もめてしまう要因の一つに、財産が分けられないことがあります。預貯金、株などの流動資産であれば、1円単位まで分けられますが、特に不動産が分けにくいということがあるからです。

例えば、相続人が複数いるのに不動産は1カ所という場合があります。親が亡くなったら、空き家になって売却して相続人で等分に分けるというのなら、誰も文句はないところです。ところが、相続人の1人が住んでいて、不動産が自宅だけで預貯金がほとんどないことも多いのです。そうなると、住んできた相続人は、住み続けたい、親の面倒を見てきたので、寄与分があると主張し、当然、家は自分がもらうが、お金は残らなかったので分けるものはないとなります。

自宅と賃貸物件があっても、1人の相続人が独占したいこともあります。収入がない自宅だけでなく、収入がある共同住宅ももらいたいということです。よって不動産を全部相続すると、家を出ている相続人には分けられないこととなります。

不動産がいくつかあり、分けられる数があったとしても評価が違う場合もうまくいきません。例えば、実家は賃貸併用のビルで1億円、家賃も入り、長男が同居。長女、次女には1000万円のワンルームマンションを渡すとされても、法定割合からすると長女、次女は長男に比べて3000万円も少なくなり、円満にはまとまりません。

相続のもめごとは、「遺産分割」が圧倒的。絶縁になる

相続のもめごとトップ3

No.1　コミュニケーションが取れない

それぞれの主張が対立、一方的に話を進める、頭ごなしで聞く耳持たず、話し合いにならない

No.2　財産を開示しない

身近な相続人が財産を預かり、教えない、見せない、分けない

No.3　不動産が分けにくい

相続人が複数いるのに不動産は1カ所だと分けられない。自宅も賃貸物件も1人の相続人が独占すると反発がある。同居していると当然相続できるという考えで温度差がある

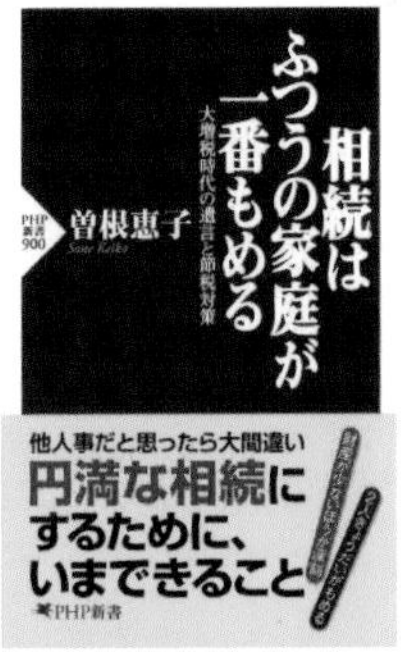

相続では遺産分割のもめごとが多い

親子や兄弟姉妹で会話ができないほどこじれてしまう
⇒調停、裁判に発展

もめるときは財産の多少に関係ない

普通の家庭がもめる
⇒相続は資産家だけの問題ではない

相続になる前に“もめない対策”をしておきたい

実家に住んでいない相続人にも言い分がある

家に住んでいない相続人にも言い分があり、同居してきたのは親がかりで、家賃も払わずに生活でき、優遇されてきた、自分で家を買ってきた立場と比べると違い過ぎると。その上、分けられないほど預貯金が残っていないというのはどうも腑に落ちない、同居してきた兄弟姉妹が親のお金をもらったのではないかと考えます。

不動産が分けられない場合、不動産を相続する人が他の相続人に代償金を払うことが一つの方法でもあります。自宅は住んでいる兄弟姉妹が相続することは構わないが、代わりにお金をもらいたいという主張は当然でしょう。財産の中に分けられる現金が残っていれば問題はないのですが、残っていない場合は、不動産を相続する人が自分のお金を払うようになりますが、このお金（代償金）の決め方が非常に難しいのです。不動産評価の法定割合となると、とても払える金額ではないことにもなり、簡単にはまとまりません。

こうなると、もめないほうが不思議で、実の兄弟姉妹であっても修復できないほどの険悪な関係になって、互いに妥協できなくなるのです。

安易に不動産を共有するとさらにトラブルの元になる

不動産は相続財産の中でも大きな比重を占める財産ですが、それだけに家族にとってプラスになる明確な将来像を持っておかないとトラブルのもとになりかねません。「法定割合の共有なら文句はないはず」と安易に共有にしてしまう方もあり、将来の問題を引き起こすことにもなります。不動産を共有すると全員の同意がないと売却などができなくなり、結果、分けられないという新たなトラブルに発展します。多くの方が不動産の共有をしたために苦労をされています。分けられないからと安易に共有にしてしまうことで、さらに深刻な争いに発展してしまうのです。

法律だけで決めようとするから絶縁になる

相続では相続税も気になるのですが、もめるご家庭が多いことのほうが問題で、深刻だと言えます。家族間の「感情面」の問題は、理屈でなかったり、割り切れなかったりしますので、法律だけで決めようとするところに課題があるのかもしれません。

家庭裁判所の調停が年々増えていることから、未然の争いを防ぐために民法の改正が行われると言えるでしょう。果たしてどれくらいの成果が出るのかは改正後に期待したいところですが、法律だけで決めようとするからもめる現実もあります。

家庭裁判所の調停や裁判は、遺産分割は決めてくれますが、家族の心情まで救ってくれるところではありません。調停すればうまくいくと思うと大間違いで、後戻りできずに絶縁となり、後悔している人も少なくありません。

相続になって遺産分割のもめごとを解決したいために、家庭裁判所の調停に頼った方の実例をご紹介しましょう。

両親と同居するために二世帯住宅を共同で購入して、老後の介護を担当してきた長女のＡさんの場合は、弟とうまく話し合いができなかったことが原因です。

亡くなった父親の財産は家の持ち分半分と母親が受取人の生命保険のみ。預貯金は葬儀代程度で残りません。弟から自分の権利４分の１を現金で払ってもらいたいと言われ、調停に持ち込んだＡさんですが、多くのお金を払うことになり、弟とは絶縁状態となりました。

母親が亡くなったとき、兄が引き出した預金があることを突き止め、兄と調停で争ったMさん。高齢になって介護施設に入所した母親が、多額の現金を使うはずがありません。しかも通帳は兄が預かっていたのです。ところが、兄は知らないの一点張りで逃げ切り、Mさんは敗訴。真実を知ることもできず、兄から絶縁状が届き、本当に悔しい思いをしながら調停を終えられました。

裁判しても悔いは残る
分け方は決まっても家族の縁は戻らない

家督相続の制度が廃止されたのは1948（昭和22）年のことで、それからずいぶんと年月が経っていますが、いまだに家督相続を踏襲されるご家庭はあります。家を継ぐ相続人の考えにも左右されることはあるでしょうが、跡継ぎでない人や嫁いだ人には財産を分ける必要はない、教える必要もないという方さえいます。

多くの方から聞くことは、「最初から、家や家業の状況や事情や財産の内容を明らかにして、遺産分割の案を提示してくれるなら、譲ってもいいと思っていたのに、教えてくれないので財産を隠されたと感じた」と。そのために、そちらがそういう態度ならこちらにも考えがある、と意地になってしまうようです。

普通であれば、家を継ぐ相続人などの代表者が公平な立場で話し合いを進めることが必要なのですが、一方的な進め方をしてしまうとこじれる原因になります。家を継ぐ者が、財産を多めに相続したいので教えることは不利という考えかもしれませんが、財産は隠さず全部オープンにすることで信頼関係が保てるのです。

ところが、最初から財産を分けるつもりはなく、教えるつもりもない、寄与してきたのでもらうのは当然という態度では、他の相続人の理解を得られません。最初から戦闘態勢を取ってしまえば、感情的にもこじれるのは想像に難くありません。

相続人だけではまとまらない場合、次なる解決方法として、第三者を入れて話し合うことになります。身近な親族や相続人が信頼を寄せている人に間に入ってもらえばいいのですが、なかなかそうした適任者は見つかりません。そうなると、間に入るのは弁護士や家庭裁判所となります。

弁護士や家庭裁判所では、双方の言い分を調停、裁判などにより主張し合い、最終的な財産の分け方を決めるわけですが、調停を始めると相続人間で直接話をしてはだめと言われます。弁護士が窓口となり、家庭裁判所で決めるからです。結果、分け方は決めてくれるが、身内の縁は切れるということです。裁判をしても、相続人には悔いが残る結果となります。

こうした現実を教訓とすれば、できるだけ、弁護士、家庭裁判所に駆け込む前に相続人間で譲り合って分割協議をしようと考えたほうがよいと言えます。

もめる家庭には共通点がある
コミュニケーションが取れていない

このようなお客様の悲痛な声を聞くたび、なぜ意思の疎通が取れなくなるのか、なぜもめてしまうのか、もめるご家庭に共通項はあるのかと常に考えてきました。それぞれのご家庭、お一人ずつ理由が違うでしょうが、相続では本音や長年の不満が表面化して、感情的に責め合ってしまうことで配慮も思いやりもなくなり、もめてしまうのではないでしょうか。

相続になる前に、親の老後の生活のことや介護が必要になったり、認知症になったときのことをどうサポートするか、親子や兄弟姉妹で話し合い、役割分担をしていれば、すでに情報共有ができているので、相続になって主張が平行線になることは避けられるでしょう。

親が元気なうちは相続の話はできないとよく言われますが、いきなり財産の話ではなく、主役である親への感謝やいたわりの気持ちを忘れず、長寿社会をいかに快適に不安なく生活してもらうか、親の希望を優先しながら子どもたちがサポートするためのコミュニケーションを取るようにしてはいかがでしょう。もめるご家庭は、親子、兄弟姉妹でこうした配慮や思いやりのあるコミュニケーションが不足しているように感じられます。

「相続させる立場」から考えると、「財産をオープンにする」ことの抵抗感はあることでしょう。自分が生きているうちから財産をオープンにすると、子どもたちが親の財産を欲しがったり、期待したりして、良くないと考える方もあるはずです。まして、親子で財産やお金の話などするものじゃないと思う方もあることでしょう。不安となることは、次のようなことだと言われます。「子どもにお金のことを知らせると当てにされそう」「生前にお金を渡すと使われて、なくなってしまう」「親のお金を当てにするような生き方をさせたくない」「お金は最後まで渡したくない」「財産を残すともめ事になるので残さず使い切る」などなど。

お一人ずつにはもっといろいろなお気持ちがあることでしょうし、どなたの考えも理解できます。しかし、コミュニケーションを取らないことがもめる要因なのです。

法律や専門家任せではなく、家族の取り組みが円満の秘訣

相続になると、相続人の方々の人柄や家族の人間模様まで隠すことができない事態になります。亡くなった人の意思が見えないと相続人はそれぞれ自己主張をし、相手を責め、長年の不平や不満をぶつけ合う場となるのです。そうした場面になると、相続人の本音のぶつかり合いばかりとなり、亡くなった人への感謝や尊敬の念は飛んでしまいます。たとえどんなに立派な方でも、最後の締め括りがそんな状態では、亡くなった人の評価も、残された家族の評価も半減するというものです。

そうわかっていても、簡単ではないのが相続です。個人の気持ちやそれぞれの事情、ご家庭や家族の状況などで、まったく異なるのです。相続の定番やこれで正解ということも見えにくいため、100人なら100通りの相続になります。

そんなことなら、対策しても仕方がないのではと思われるかもしれません。けれども相続の用意をしておくのと、まったく何もしない場合では、結果は全然違うと言えます。

親が亡くなるまで相続のことなんて話しできないという方は「法律を頼りにすれば大丈夫」「相続になってから専門家に頼めばいい」という気持ちがあるかもしれません。けれども、法律を頼りに、家庭裁判所の調停を申し立て、弁護士に依頼をしても、結局、AさんやMさんのように兄弟姉妹が絶縁になってしまったのでは、一生悔いが残るのではないでしょうか。

相続はご家族の問題なので、法律では割り切れないことがあったり、一律ではない配慮が必要だったりしますので、それを他人任せにするとこじれてしまい、感情的な対立となり、許せなくなり、絶縁への引き金になることが多々あります。

何事もオープンにして家族のコミュニケーションを取りながら、互いに思いやりの気持ちをもって進めるならば、家族の絆が深まる機会にもなり、もめる要素はなくなります。専門家に頼めばよいと任せ切りにするのではなく、法律に頼るのではなく、家族で相続の在り方を作っていこうと考えてはいかがでしょうか。相続は専門家のものではなく、家族で考え、互いを尊重しながら取り組む家族のテーマになり得るものだと言えます。

③財産の活用ができていない

持っているだけでは財産は増えない時代になった

かつて「土地は持っているだけで値上がりする財産」という時代があり、土地神話と言われて、財産の代表格が土地でした。多くの土地を所有することが資産家の証しであり、代々の土地持ちの資産家はずっと資産家だと思われてきました。

ところが、経済状況が大きく変わった今では、その土地からの収入がなければ、持っているだけでは固定資産税や維持費がかかり持ち出しとなります。もはや、財産とは言えない状態で、負担となりかねないリスクを抱えています。

相続税がかかるたいていの人は、「不動産」、中でも「土地」を所有されています。かつては、土地を持っていることが財産であり、土地さえ持っていればどんどん値上がりし、財産が増える時代がありました。しかし、そうした土地神話はご存知の通り崩壊し、過去の話となってしまったのです。

東京や都市圏を中心に1980年代後半のバブル経済では、全国的に土地の価格が上昇しましたが、バブル経済の崩壊により一挙に値下がりし、そのまま下落の歯止めとなる経済の回復には至っていません。今後も土地の価格が再上昇するのは望めない状況にあります。それなのに、土地を持っている人にとって、土地神話が崩壊したからといって、土地を手放す決断はできないことも現実だと言えます。世間体もあり、そうした発想も経験もなければ、方向転換は簡単ではありません。経済力が続く限り、代々の土地を守ってきたのが実情と言えるでしょう。

土地は財産だが負担にもなる

相談に来られたTさんは、自宅の他に8世帯のアパートと200坪の空き地を所有しておられました。200坪の土地は更地で購入してから30年間、アパートやマンションを建てることもなく、駐車場にすることもなく、ただ更地で持っている状態で、固定資産税がかかるばかり。その土地の固定資産税は年間180万円でアパートの家賃収入のほとんどが、固定資産税の納付に充てられています。購入価格も含めると1億円ほどもつぎ込んでいるわけですが、とても生産性があるとは言えない状況です。維持するため、固定資産税などに現金をつぎ込んでしまって、その結果、「土地はあるが、お金がないので納税できない」という問題が生じるのです。

兼業農家のHさんは10代目となり、多くの農地を所有する土地持ち資産家です。節税対策として駅に近い土地にはマンションやアパートを建てていて、建築費の借入は20億円ほどありました。それでもまだほとんどが空き地や駐車場で、財産評価が30億円以上もあり、年間の固定資産税だけでも1000万円は超えていました。賃貸事業の所得税も千万円単位でかかります。資産管理の法人も作り、自分が社長として運営していますので、法人税もかかります。毎月毎月、固定資産税、所得税、法人税、住民税、法人事業税などなど、税金の支払いとその資金繰りに苦労してきたと言います。家賃も入りますが、返済もあり、それも気苦労の元だったと。そんなに努力して財産の維持をしても、父親が亡くなったときに相続税が３億円かかり、母親の特例を生かしても納税が１億円以上。空き地とアパートを売却して納税する以外になく、土地があっても苦労は絶えないとHさんは言っておられました。

Yさん（60代男性）は、父親から相続した土地を駐車場にしています。周辺に観光名所があり、ハウスメーカーから土地活用を勧められています。土地は250坪と広いので、３階の建物が建ち、建築費は4億円。Yさんにとっては金額が大きく、この提案を進めていいのか、判断してほしいと相談に来られました。駐車場の土地固定資産税は年間120万円かかっていて、毎月15万円の駐車料があってもほとんど手元に残りません。広い土地を所有している価値はない状況でした。

不動産が課題になっている

空き家、空き地が増えている

空き家848万戸

2018年総務省統計

●1戸当たり／土地面積約33坪（※1）　●土地取引価格／坪単価26万円（※2）

想定土地評価／約72兆円　仲介手数料／約2兆円の市場

空き家数及び空き家率の推移─全国（1958 ～ 2018年）

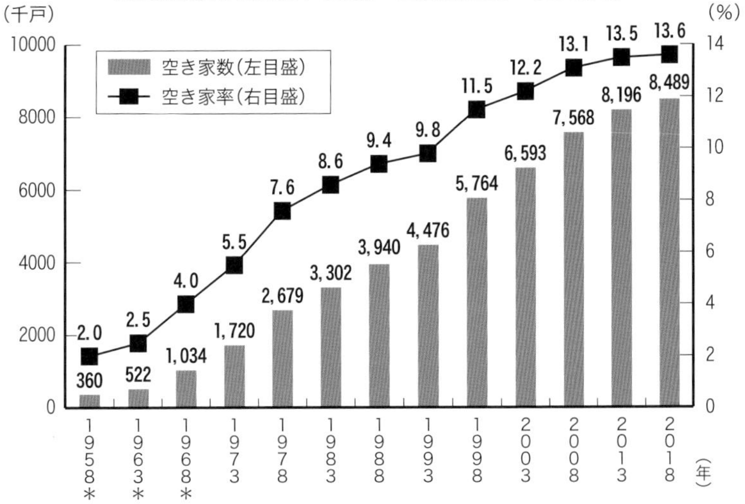

空き家以外の不動産を考慮すると市場はもっと大きいと想定される

使わない不動産は財産は価値が半減している

【出典】平成30年住宅・土地統計調査（総務省）住宅数概数集計

※1 平成30年住宅・土地統計調査　※2 土地価格ドットコム https://www.tochi-d.com/
住宅及び世帯に関する基本集計 結果の概要（総務省）
＊印の数値は沖縄県を含まない。

空き地・空き家は
マイナス財産になりかねない

かつて1980年代前半は、好景気の時代でした。特に日本には「土地神話」があり、「土地を持ち、残すことが財産」だという考え方が定番だったと言えます。だからこそ、所有する土地は空き家になっても、使わなくて空き地だとしても、持ち続けることが財産だったのです。しかし、ほとんどの土地と建物は所有していると固定資産税が課税されています。利用していない、住んでいない、収入がない不動産だと固定資産税だけ取り上げても財産としては持ち出し、マイナスなのです。しかも建物が建っていない土地の固定資産税は高いのです。

相続対策の観点から見ると、自宅として住んだり、住まいとして貸したりしている場合は評価が下がり、小規模宅地等の特例も活かせて節税の余地が生まれます。けれども、空き地、空き家のままで持っているだけでは節税効果はありません。課税されて相続税の納税のために売却することになり、残せないことになります。

それなのに空き家は増える一方で、848万戸もあるという調査結果が出ています。以前は住んでいたり、利用していた不動産ですが、住まなくなった、利用しなくなった段階で役割を終えたと考え、次に利用してくれる人に譲渡する習慣を作りたいものです。

早めに決断をすれば、家はまだ住めることもあり、持ち出しの固定資産税の負担もなくなるなどメリットを生み出せるのです。

空き家が増える背景として、家族のあり方が変わったことが要因の一つだと言えます。親子、兄弟姉妹が同居して同じ家に住み続けることは減りつつあります。親世代が亡くなると、生まれ育った家には住む人がいなくなり、空き家となってしまうのでしょう。空き家状態が長期化し放置されてしまうと、近隣とのトラブルにもなりかねません。老朽化が進んで倒壊しそうになっている、庭木が伸びて隣家に越境したり、荒れ放題でゴミが不法投棄されたりしているのに、所有者は一向に放置したままという状況もあります。防災、衛生、景観などの生活環境に影響を及ぼすという社会問題へと発展して、空き家対策特別措置法が制定されました。空き家を放置すると解体するように指導されるようになりましたので、注意が必要です。

現金を残しても節税できない…現金も活用を考える

「土地さえあれば値上がりする財産」と常識が崩れたため、価値が変わらない「現金」を残すため、多くの方はコツコツ貯金をしてこられました。相続相談に来られる方の多くは、子どもや孫に残すために自分たちは節約し、何千万円も、中には億単位で貯めておられ、「相続税がかかっても現金があるから払えるので安心だ」と言われます。

けれども、今や預貯金の利息が生活費になるのは夢の話で、ほとんど利息が付かないばかりか、相続になると、貯めてきた現金に課税されるのです。預貯金は、金融機関に預けてある残高がそのまま財産評価となり、亡くなったら1円も減らすことはできません。現金のままでは節税できないのです。

仮に1億円の現金を残して親が亡くなると相続人が子ども1人の場合の相続税はどうなるか、検証します。

相続財産　10000万円
基礎控除　3600万円（3000万円＋600万円×1人）
課税財産　6400万円
相続税　1220万円（税率30%－控除700万円）
納税後　8780万円

このように、1億円の財産を1人が相続するときには、1220万円の納税が必要になります。他に相続税の申告費用などもかかりますので、残りは8500万円程だとすると、10カ月の間に財産の15%が減ってしまうということになります。

このことから考えると、「相続税が払える現金を残しておくこと」は、実は節税対策にはならないということなのです。土地を多く所有されている方も「相続税を払うために土地を残しておく」という方がありますが、結局は残した土地にも課税されます。そして相続税の納税のために売却してなくなってしまうのです。

どちらも「相続税は財産を残して払う」という考えでは節税できていないために相続で減ってしまうのです。

眠っている預貯金は自分のお金ではなくなる？

日本人は金融資産に占める預貯金の割合が高く、金融資産の半分以上が預貯金です。これはアメリカやヨーロッパと比べると非常に比率が高いのです。貯めてはいるが、ずっと貯めたままで運用はできていないと言っていいのではないでしょうか？　まして預貯金は増えない時代。貯めてはいるが、それ以上の案はなく、いずれ減ってしまうのです。

そうした親世代のほとんどはずっと貯めているだけで、財産として残したと思っています。けれども預貯金にしておくリスクも増えているのです。

一つは「預金の在りかがわからないこと」です。相談に来られる方で子ども世代の多くは、親の預貯金はわからない、聞きにくいし、教えてもらえないと言われます。そうした人たちは相続になってから、慌ててあちこちの金融機関に出向いて預貯金口座を探すことからしないといけないため、苦労をされています。

また、長寿社会になるとともに、一人暮らしの高齢者の方が増えており、認知症も増えているのが実情です。同居や身近な親にも金融資産を聞きにくいとなれば、長年離れて暮らす人はなおさら、聞けない、わからないという状況でしょう。そのまま認知症になってしまえば、どこの金融機関に預貯金しているのかもわからないまま、引き出しもせずに、相続になっても見つからない可能性も出てきます。

二つ目は、見つからない預貯金が「休眠預金」となり、気が付かないままだと手元に戻らないということです。2018年より10年以上の入出金がない預貯金口座は、休眠預金となり、国の指定活用団体に移して活用されることが決まりました。眠らせておいた預貯金も引き出したりしなければ、子どもたちにも渡せなくなります。銀行に預けたから安心とは言えない時代で、使わなかったら手元には戻りません。

三つ目は「名義預金が税務調査の対象になりやすい」ということです。申告漏れとなった名義預金は相続財産として加算され追徴課税されます。無申告加算税だけでなく、悪質な場合は重加算税が加算され、ほとんど手元に残りません。この機会に預貯金の残高や預け方を確認し、子どもや孫名義にしてある名義預金は名義人に渡してしまい、贈与を成立させておくようにすると安心です。

銀行に預けるのが最終ゴールでいいのか？

預金で保有しても増えない

金利は0.001％（普通預金の平均年利率 2021年10月現在）
1億円の利息　年間手取り約800円

「名義預金」は税務調査される

贈与が成立しておらず追徴課税される

休眠預金（10年超）は国に使われる

休眠預金は毎年約1200億円
年間　**約700億円は国が活用している**
…10年以上放置すると自分で使える財産ではなくなる
※手続きをすれば引き出せる

預金種類別店頭表示金利の平均年利率等（週次＜月曜基準＞）

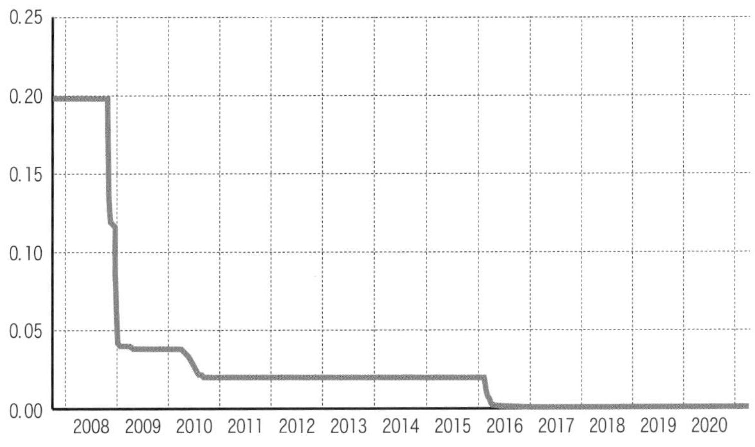

預金で貯めていくにはデメリットもある

【出典】日本銀行　主要時系列統計データ表

金融資産だけでは不安

相続対策を考えた場合、自分の意思が働かない株式投資だけでは不安があります。投資信託や株式保有は全体の一部として、あくまで長期保有を目的とすることが望ましいでしょう。

預貯金は増える財産ではなくなったため、まとめて保有することは得策とは言えません。必要なときに使える金額があればいいと考えると、定期預貯金などに預けておく必要はないのです。

生命保険は非課税枠がありますので、そのメリット程度はかけておいてもいいと言えますが、それ以上の多額な保険に加入する必要はないと言えます。

以上の金融資産を持ちつつも、財産は不動産で所有することも定番となります。評価を下げて相続税を減らしながら、収入を生み、維持しやすい財産となるのが不動産です。どのような不動産を所有するのかは、最寄り駅に近い、価値が下がらない地域と立地と言えます。判断は難しいかもしれませんので、相続や不動産の専門家のアドバイスやサポートを得ることをお勧めします。

いずれにしても、不動産と金融資産の配分バランスを考慮して、極端に偏った持ち方をしないように注意することが必要でしょう。

また、財産は一度取得して終わりではなく、定期的に見直して入れ替えることが必要です。使わない、住まないものは売却して、新たに購入、住み替えなどをしていくことで財産の価値を保つことができます。

財産は持ち続けることが価値ではなく、活用して収入を上げながら維持していくことで価値を生むものだという発想に切り替えていただく時代になりました。これはお一人お一人オーダーメードで考え、個々に違う対策が必要になります。

お客様の中には財産の90％以上が不動産という方や、自宅以外の90％以上が株式という方もあります。そのまま相続になると、節税できていない、納税はできるが不動産や株式を売却しなければならず財産が減ってしまう、不動産は固定資産税が高い、株式は価格の変動がある、など課題があります。偏らず程よくバランスを考えて分散保有したいものです。

預金 < 株投資 だが？
不安要素もある

金融資産の運用が必要な時代→しかし、誰もが迷っている

◇銀行預金が増えない
◇金融資産は株で運用したいが、株価は世界情勢に左右される
⇒これから影響が出ることも想定

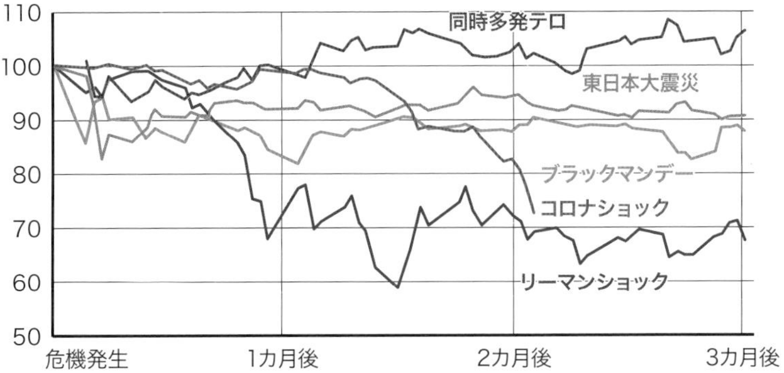

増える現物資産を持ちたい 不動産？金？
→新しい投資や金融システムを取り入れることも必要になる

仮想通貨(ビットコインなど)

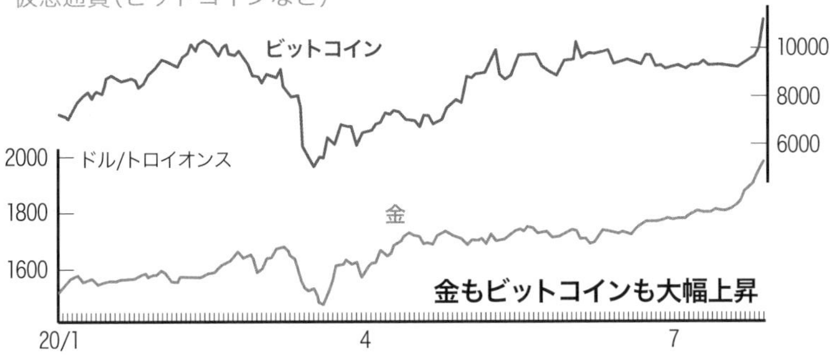

(注)ビットコイン相場はコインデスク・ジャパンによる　1ビットコイン=ドル

安定して「お金が増やせる仕組み」の研究が必要

財産の持ち方は時代に合わせて

有価証券など

投資+長期保有

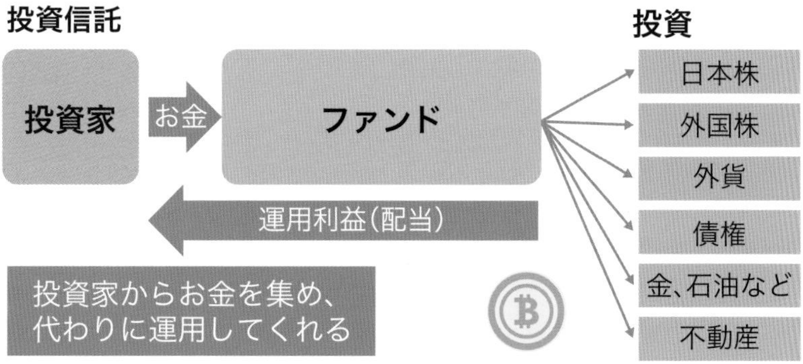

保険

非課税枠の活用

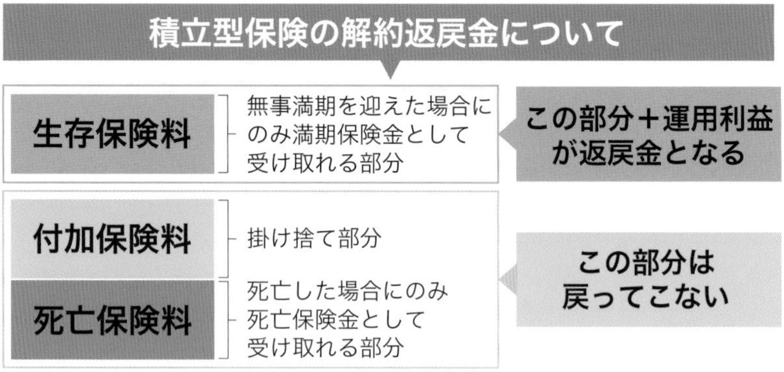

バランスを考えて活用・

預金

まとめずに活用

2006年5月～2020年1月

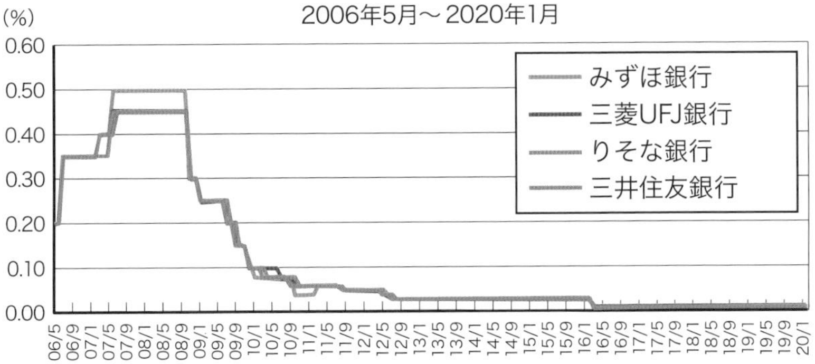

不動産

評価－　収益＋

実質利回り＝{(年間家賃収入－年間支出)÷物件価格}×100

計算例：土地・建物費用が3000万円、家賃10万円のマンション1室、年間支出20万円の場合

年間家賃収入：10万円×12カ月＝120万円
実質収入：120万円－20万円(税金・管理修繕費など)＝100万円
実質利回り：(100万円÷3000万円)×100＝3.3%

購入金額 3000万円　年間家賃収入 120万円　年間支出 20万円

利回り 3.3%

投資することが対策になる

④専門家が見つからない

相続の専門家は少ない
相談先が見つからない

相続の相談は誰にすればいいのでしょうか？改めて考えてみてください。相談に来られる多くの方が、「相続の問題になると『弁護士』に相談したほうがいいだろうか？」と言われます。しかし、それでいいのでしょうか？

弁護士は法律の専門家で、争いの調停や交渉が主業務です。争わない限り、弁護士に頼む必要はありません。相続は、親子、兄弟姉妹など身近な親族のこと。弁護士は引っ張り出さないほうがいいのです。誰かが弁護士を頼むと弁護士は依頼者の味方になり、他の相続人には有利に働きません。そうなると、片方も弁護士に依頼することになり、弁護士同士のやり取りが主となります。相続人が直接話をしないようにと言われますので、ますます対立は明確になるという図式です。

ならば、「税理士」でしょうか？　確定申告を依頼している方もあれば、法人であれば顧問税理士がいるということもあり、弁護士よりは馴染みがあるということでしょう。しかし、納税が必要な方は亡くなった方の8%程度で、相続税に慣れた税理士は、まだまだ少ないのが現状です。税理士であれば誰でも相続ができるとは言えないことがわかります。相続は気軽に税理士に相談するという安易な選択では的確なアドバイスはもらえないことになるばかりか、経験不足でうまくいかないこともあるかもしれません。とにかく相続のことを誰に相談すればいいのか？　どこへ相談に行けばいいのかわからないという方が多いのです。

相続対策は元気なうちに生前の提案とサポートが必要

弁護士も、税理士も、司法書士など多くの資格者は、相続になってしまってからの相続手続きが主な仕事です。ということは元気なうちに依頼することがないと言えますし、生前の相続対策が必要だというアドバイスをもらえる機会も少なくなります。

相続における家族間のトラブルや税金の負担を抱えないためには、生前に問題を整理し、対策に取り組んでおく必要があります。ところが生前の相続対策を提案する資格がないのです。これでは相続で苦労する方は増えるばかりです。

こうしたことに気が付いて、私は1990年頃から「相続対策の提案とサポートをする仕事」に取り組んできました。「相続実務士®」という資格も作り、養成講座も開講して広めています。

相続を取り巻く現状は問題が多い

相続対策をしていないため悲惨なことが起きている

感情面

家族間の争いになる

↓

調停、裁判、絶縁
空き家の増加
不動産の共有

経済面

余分な相続税の負担

↓

財産が減る
財産が増えない

相続の相談先が見つからないことが要因

相続対策は誰の仕事でしょう？

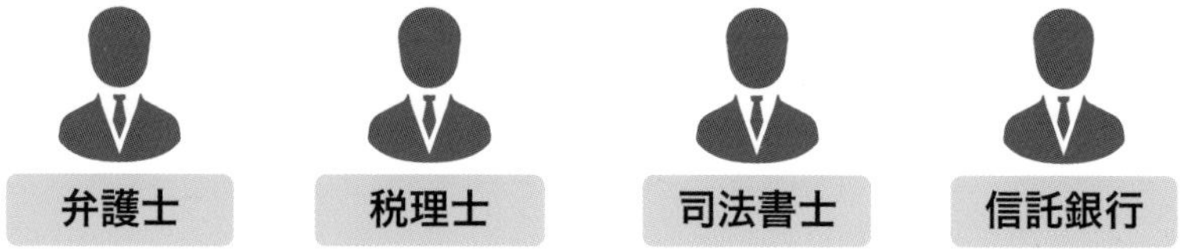

- 相続発生後の仕事が主
- 職域が明確に分かれている
- 相続対策が必要だというアドバイスが少ない

「生前の相続対策」ができる資格がない！

「生前の相続対策」の提案、サポートをする職種が必要

相続対策の提案とサポートが必要

・アドバイス・サポートする専門家、相談先
・頼りになる情報発信、気軽に学べる仕組み

・10カ月～１年ぐらい

生前の相続対策をしておくことが大事

第2章

〖相続対策の基本①〗
【感情面】の
対策は必須！

感情面の対策は必須！

相続は家族のテーマとして考える相続を円満に乗り切るポイント

「はじめに」でご紹介した通り、相続を取り巻く現状についてのアンケートからは①核家族化、②“生前対策”をしていない人がほとんどという結果が出ています。また、親子で相続の話をしたことがないという人が6割という結果で、これでは相続はうまくいくはずがないと思える現状です。

相続は資産家の話ではなく、全員が経験することなので関係ないと言ってはいられません。まして「話すほどの資産はないと思っている」普通のご家庭の方が相続のもめごとに発展することがあるので真剣に取り組んでいただかないといけないことなのです。

今までは相続の話など縁起でもないとタブー視されることが多かったのですが、相続税や民法の改正もあり、テレビや新聞、雑誌などで相続のテーマが取り上げられる機会が増えてきました。それだけ相続は世の中の関心事になったと言えます。

中には、すでに、親子、兄弟姉妹で争いを抱えていたり、不和な関係にあり、いまさら修復できないということもあるでしょう。

そうした場合こそ、相続の用意は絶対に必要となります。円満な話し合いが期待できないのであれば、遺言書を用意し、今以上に深刻なもめ事を誘発しないような防止策を取るようにしなければなりません。不安を抱えている人はもちろんのこと、円満なご家庭でもこれからの相続を考えておく必要があるということなのです。

相続を円満に乗り切るポイント

- 普段からコミュニケーションを取る
  いざとなっては円満にいかない
- 財産や生前贈与はオープンにする
  疑心暗鬼の元を作らない
- 寄与や介護の役割分担の情報共有をする
  一方的な主張にならないように
- 遺産分割でもめないようにしておきたい
  もめたら節税できない

円満な遺産分割協議をするポイント…相続が発生したとき

- 代表者が公平な立場で話し合いを進める
  一方的な進め方をしない
- 財産は隠さず全部オープンにする
  オープンにすることで信頼関係を保つ
- 寄与や特別受益も考慮しお互いに譲歩する
  一歩も譲らずではまとまらない
- 感情的な話は持ち出さない
  前向きな話をして過去のことは持ち出さない
- 責め合う場にしないよう配慮する
  一言が一生許せなくなり縁も切れる

「相続する立場」から 親子、兄弟姉妹でコミュニケーションを取る

「相続する立場」では、どう考えればいいでしょう。戸籍上の親子、兄弟姉妹の繋がりだけで普段のコミュニケーションを取っていないまま、相続になり、物理的な財産の話を始めてしまうことがもめる要因となるのです。

親子、兄弟姉妹なので、基本的な信頼があると思いたいところですが、普段からの積み重ねがないと信頼関係は保たれていないこともあります。

「相続は財産を引き継ぐこと」というイメージがありますが、それは一部だということです。親子であれば、子どもとして親に育てられた時期を過ぎ、親が高齢になると今までとは逆に、子どもが親をサポートしなければならない状況になります。親の年代が高くなると介護が必要になることもあるでしょう。そうしたとき、親の希望も聞きながら、子どもとしてどのようにするのか、役割分担をして全員の意思の疎通を図ることで親子の絆が深まります。こうして、普段から親子、兄弟姉妹でコミュニケーションを取っておくことができれば、お互いの信頼関係は保てるでしょう。

自分のことに思いを巡らしてみて、親子や兄弟姉妹の、信頼関係は保たれているでしょうか？　この機会に思いを巡らしてみてください。

相続する子どもの本音

- 相続になっても兄弟姉妹でもめたくない
- 相続税はできるだけ節税したい
- 兄弟姉妹は等分が当たり前
- 同居したからといって財産を多く分けるつもりはない
- 相続になる前、早めに財産を分けてもらえば助かる

「相続させる立場」から意思を残して自分と家族を守る

親の立場から多くの方は「自分の子どもたちがもめることはない」と思っておられます。確かに親の前で子どもたちがもめる場面を見たことがないというのが現実でしょう。親がいるときはさすがにもめることはないのですが、亡くなってからは今までの長年の思いが爆発し、本音をぶつけ合ってしまうのです。そうならないために、どうすればいいのでしょう。

数多くの相続の実例を見てきた経験から言えることは、「生前対策」に限るということです。節税対策も大事なのですが、そうした経済面の対策だけでなくもめないように感情面の対策をしておくことが不可欠だと言えます。

お一人ずつ聞いてみると、もっといろいろなお気持ちがあることでしょう。

では、どうするのが良いかは、本当にお一人おひとり違います。オーダーメードで考えないといけないのです。

それも、自分の独断で良いかと言うと、それでは「意思」や「気持ち」は伝わりません。自分の考えや気持ちを話すことでもいいでしょうし、「相続する人」の考えを聞くこともいいでしょう。双方で、何らかのコミュニケーションを取っておくことが大切です。

相続させる人の本音

・子どもにはお金を知らせると当てにされそう
・生前にお金を渡すと使われて、なくなってしまう
・親のお金を当てにするような生き方をさせたくない
・お金は最後まで渡したくない
・財産を残すともめ事になるので残さず使い切る　　などなど

もめない対策は「遺言書」と「民事信託」

「もめない対策」の具体策として挙げられるのが「遺言書」と「民事信託」です。いずれも本人の意思が明確なうちにしておかないといけない対策です。

「遺言書」は自分の意思を実現できる方法で、最後のメッセージになるものです。自分の財産を誰に、どのように渡したいかなどについて、指定しておくことでその通りに実現可能です。「子どもたちは仲が悪くないから、わざわざ遺言書を作らなくてももめない」と言われる人も多いのですが、もめなくても遺言書があれば本人の意思を優先し、手続きはスムーズに済ませられます。

しかし、「遺言書」は亡くならないと効力が発揮できないため、自分ではその形を見届けられないのです。長寿社会になりましたので、将来、認知症になってしまうリスクも高まっています。意思がはっきりしているうちに「民事信託」をしておけば、自分が望む形で信託契約することでそれが実現するのです。遺言書と民事信託の大きな違いは、生前に実現できるか、相続後かというところにあります。

不動産は自宅だけで、あとは金融資産だけで相続税もかからない額だとすると、節税対策は不要ですので、もめないように「遺言書」で分割を指定するだけでもいいと言えます。けれども不動産が複数あり、相続税がかかる財産がある方で、さらに賃貸事業もしている場合は、賃貸事業や相続対策が滞りなくできるように「民事信託」をして、「遺言書」も作成しておく必要があると言えます。そうすることで親の意思能力が低下したときでも、子どもが親の代わりに継続して事業や対策に取り組むことができ、不安は解消されるのです。

さらに本人の意思能力が低下した場合は、「後見人」を付けることになります。事前に家族と「任意後見人」の指定がなければ弁護士などが「成年後見人」になりますが、目的は「財産管理」ですので、そうなると「遺言書」や「贈与」「不動産活用」などの前向きな対策は一切できません。

しかし、本人の意思が明確なうちに「民事信託」をしておけば、「贈与」や「不動産活用」などの対策を進めることができます。「遺言書」を作っておけば本人の意思を実現することができ、争いも未然に防ぐことができます。

COLUMN

家族には法律よりも情やおもいやりで

Kさん（50代女性）は父親の介護をめぐり、姉と弟を相手に家庭裁判所に申し立て調停で役割分担を審判にて決定。父親の保佐人手続きも自分で段取り。何事も法律をもとに姉と弟を従わせてきました。父親思いだと感謝されてもいいところが姉と弟とは決定的な溝ができ、疎遠に。この先どうすればいいかと相談に来られたのです。

Kさんは間違ってはいないのですが、家族間では理屈や法律を優先すると感情的な反発にもなります。よく頑張って来られたと評価すると涙されていました。今後は賢さや知識は少し引っ込めて、姉と弟の意見を優先、家族の情に訴えて相手を思いやりながら協力を得るようにとアドバイスしました。父親には遺言書が必要なのでサポートしていきます。励ましやアドバイスで気づいて頂き、優位に立つよりも家族間のいい関係を思い出して維持してもらえたらと願います。

遺言書を作るときに配慮したいこと
こっそり作らない

遺言書があればもめない相続ができると思いたいところですが、現実には、「遺言書があったことでもめてしまった」ことが多々あります。なぜかというと、遺言書の存在を知っていたのは相続人の一部であることが多く、また、遺言書の内容が特定の相続人に偏っているからです。

例えば、「相続になったとき、同居する長男が亡くなった父親の遺言書を出してきた。遺言書は、“長男に全財産を相続させる”という内容だったが、他の相続人は遺言書の存在は一切知らされていなかった」というようなことがよくあります。

こうした場合、長男以外の相続人は、父親が自分の意思でその遺言書を書いたとは思わず、「長男が財産を独り占めしたいために父親に遺言を書かせた」としか思いません。生前には父親から別の分与の話を聞いていたり、預貯金はみんなで分けるようにと言われていたような場合は、なおさら長男が書かせたと思うはずです。

だからこそ、遺言書は本人が自分の意思で作ったと生前に知らせて伝えておくことが大事なのです。

自筆遺言書であれば、「筆跡が違う」などという疑いも出てきます。公正証書遺言であったとしても、「父親は認知症で遺言できる状況ではなかった」という指摘がされたり、裁判で筆跡鑑定や遺言の無効を主張されたりすることもあるほどです。

長男に偏っていれば、遺留分侵害額請求もできますが、財産を公開するようにと長男に言っても、預貯金の額を教えず、通帳なども見せないと言われることもよくある話で、最初から喧嘩腰ということさえあります。こうなると遺言書があったために、かえって悪感情を引き出してしまう結果になりかねません。

こうした現状を踏まえて教訓を引き出すのであれば、「遺言書はこっそり作らない」ことが大事だということです。争いのない相続を用意しようというのであれば、遺言書は相続人全員に作ることや内容をオープンにしておくことが必要です。これができていないと、せっかくの遺言書が仇になることもあるのです。

「本人が相続人に伝えておく」ことが疑心暗鬼を引き出さない、最良の対策になると言えますので、そうした遺言書の作り方をお勧めしています。

遺言書を作るときのポイント

こっそり作らない

誰かが作らせたという疑いは持たせない
相続人に知らせておくことが大切

遺産分割は公平にするのが無難

遺留分には配慮しておく

公平に分けられないときには理由を明記する

理由や意思が書いてあると、遺族も納得しやすい

財産のことだけでなく、感謝や気持ちも残す

意思を残すことは最良の説得材料で価値がある

あなたに遺言は必要？
これから遺言書は必須

◆遺言書を残したほうがよいケース

①自分の境遇　【独身・配偶者・子どもなし】【離婚・再婚】【異父母兄弟】

②家族関係【疎遠・不仲】【同居・介護】【内縁・認知】【行方不明】【代襲人】

③財産の内容　【不動産がある】【不動産が分けにくい】【同族会社】【家業】

④特別な思い【分与】【世話】【争い回避】【跡継ぎ】【援助】【遺贈】【寄付】

遺言の必要度チェックリスト

次のような項目に該当する場合は「遺言書」を用意しましょう

□	独身	独身で子どももなく親か兄弟姉妹が相続人になる
□	子どもがいない	結婚しているが子どもがなく配偶者と親か兄弟姉妹が相続人になる
□	相続人がいない	独身で子どもがなく親も兄弟姉妹もいない
□	再婚、認知	先妻、先夫の子どもと後妻、後夫の子ども、認知した子どもがいる
□	代襲相続人	子どもや兄弟姉妹が先に亡くなり、代襲相続人がいる
□	不仲	家族間ですでに争いを抱えていたり、対立している状況がある
□	行方不明、海外在住	相続人が行方不明の場合や海外在住で手続きが複雑になる
□	贈与	すでに贈与した財産を明確にしておきたい
□	寄与	介護や事業に寄与してくれた相続人がある
□	使用貸借、同居	相続人が同居したり使用貸借している不動産がある
□	遺産分割	相続人に特定の財産を与えたい場合や与えたくない
□	援助	援助が必要な相続人に財産を多く与えたい
□	事業後継者	同族会社や個人事業者で、後継者に財産を与えたい
□	遺贈	相続権のない孫や嫁、兄弟姉妹、第三者に遺産を与えたい
□	寄付	お寺、教会、公共団体などに寄付する

認知症になっても困らないよう「民事信託」を用意する

平均年齢が80歳以上の現代では、相続になるまでの間も財産や家族の変化に応じて適切な対策をする必要があります。けれども、長寿社会になるにともない、認知症を発症する人も増加の一方で、相続対策と合わせて認知症対策も考えないといけない現状です。

相続税がかかる財産を所有する人は、「遺言書」だけではなく「民事信託」についても取り組んでおくことが望ましいでしょう。信託契約をしておくと、信託財産を管理・処分することができ、節税対策にも取り組むことができます。「民事信託」に適しているのは次のような場合です。

◆民事信託をしたほうがよいケース

・相続対策が必要な財産を所有しているが高齢で認知症の不安がある
・不動産が占める割合が高く親に代わって相続対策をしたい
・子どもがいないため、今後の財産管理や相続に不安を持っている
・生前贈与を最大限有効活用したい
・障害を持った子どもがいるなど、その行く末が心配で不安解消しておきたい
・次世代だけでなく、次々世代以降も財産の承継先を決めておきたい

民事信託の必要度チェックリスト

□	財産管理	親が認知症になったあとの財産の管理を円滑にしたい
□	節税対策	親が認知症になったあとも節税対策などを進めたい
□	不動産	不動産の割合が高く、公平な分け方が難しい
□	収益不動産	主な財産が収益不動産で分けられない
□	収益分配	相続後の財産の維持の仕方、収益の分け方を決めておきたい
□	生活援助	援助が必要な子どもの生活を保護したい
□	配偶者	配偶者の生活を守りたいがその先も決めておきたい
□	共有せず	不動産の共有をせずに子どもたちに財産を渡したい

遺言作成者の分析①

①遺言者性別

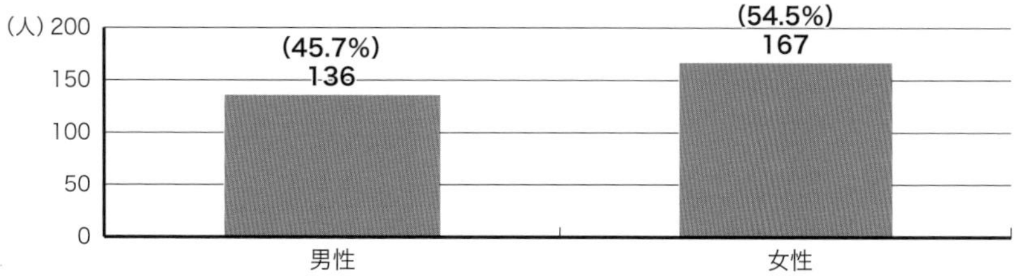

②遺言書作成時の年齢

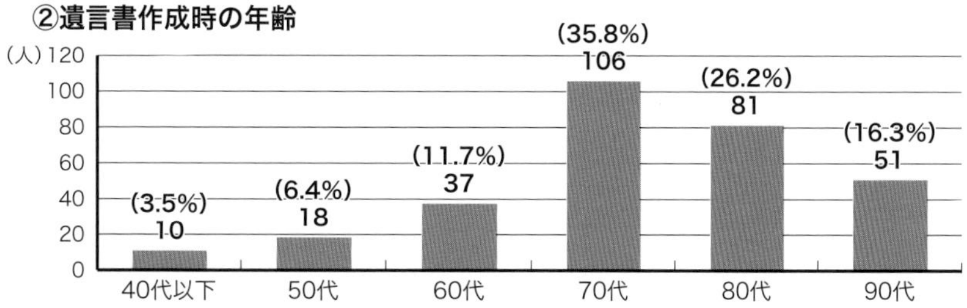

③財産額

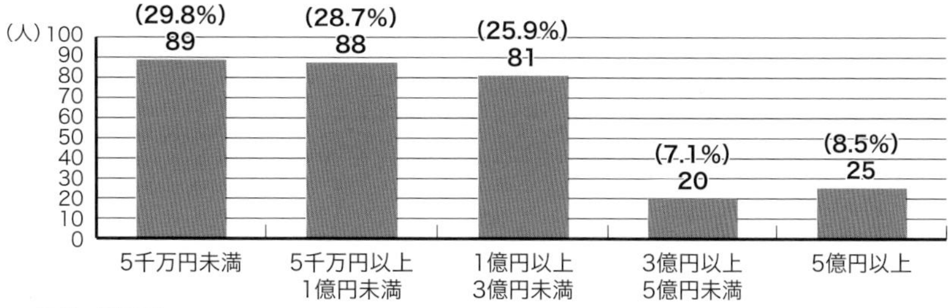

④作成場所

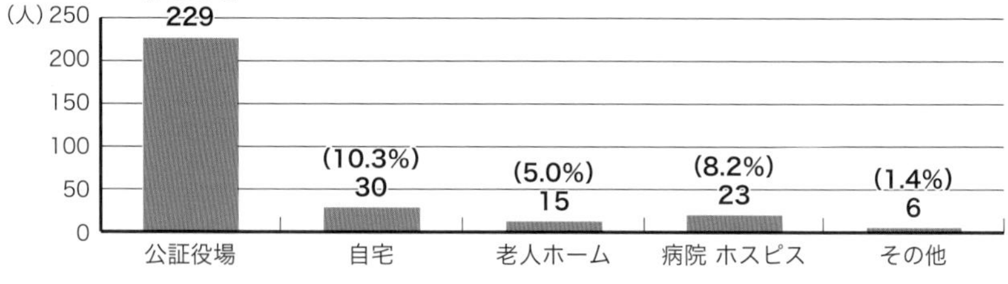

平成19年(2007)～令和2年(2020) 303人　夢相続データ

遺言作成者の分析②

①法定相続人の数

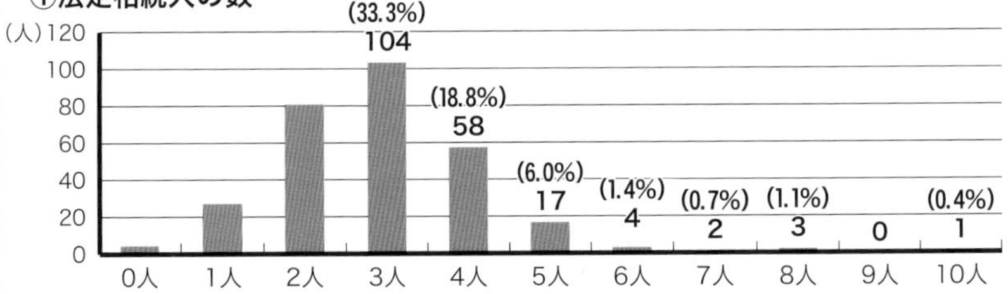

②受遺者性別

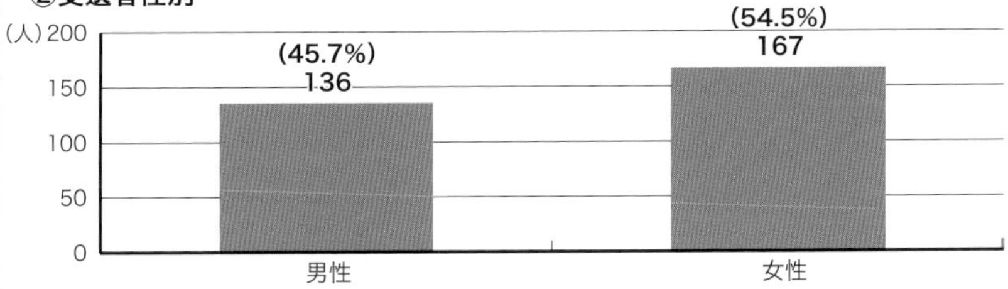

③遺言書作成のきっかけ

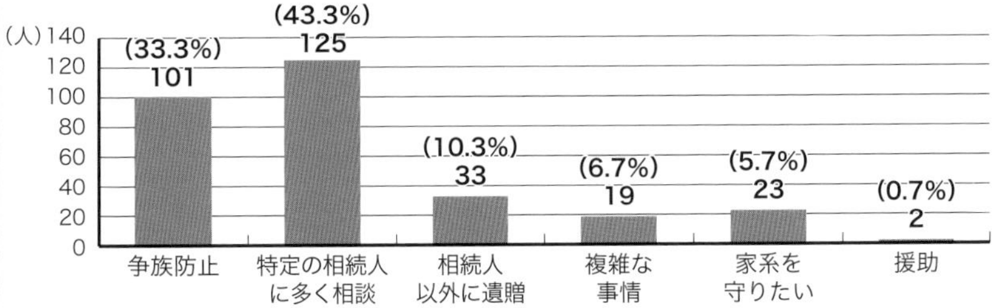

④遺言者の家族状況

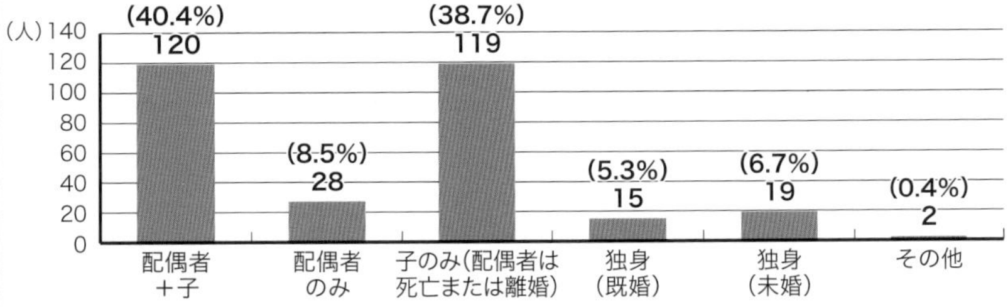

平成19年(2007)～令和2年(2020) 303人　夢相続データ

遺言書・民事信託・成年後見の違いは？

「遺言書」
→遺産分割など自分の意思を実現できる⇒相続まで使えない

「民事信託」
→財産を託して財産の活用ができる=契約

「成年後見」
→財産管理が目的=意思能力が低下

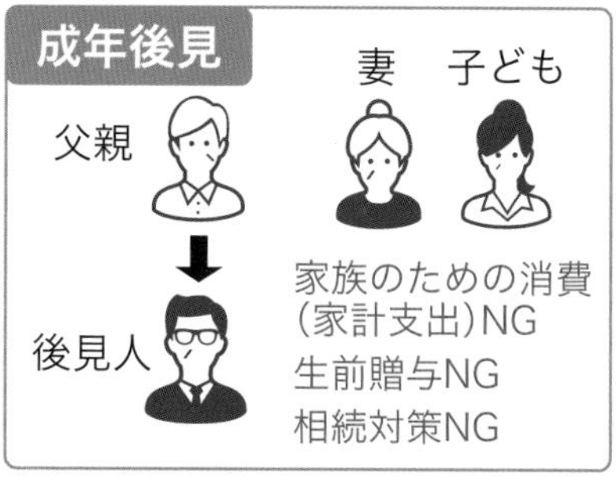

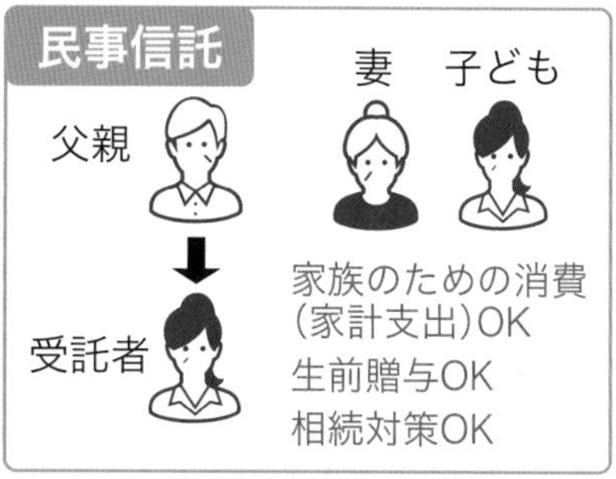

生前対策をするなら…民事信託・遺言書○　後見人×

	財産生活	遺言書	成年後見	民事信託
生前	守る	―	○	○
	本人のために生かす	―	△	○
	家族のために生かす	―	×	○
相談後	遺す	○	―	○
	先々まで遺す	―	―	○

第3章

〖相続対策の基本②〗【経済面】の対策も大事。

経済面の対策も大事！

生前の節税対策「財産を減らすこと」＋「評価を下げること」

相続税は累進課税で、課税額が高くなるほど税率も高くなる仕組みです。財産が多くなれば、相続税も高くなり、財産が少なくなれば、相続税も少なくなります。よって、相続税を減らすためには「財産を減らすこと」と「評価を下げること」が対策となります。

「財産を減らすこと」の代表格は「贈与」です。中でも現金の贈与は節税対策のもっとも手軽な方法です。贈与税の基礎控除は年間110万円ありますので、計画的に取り組むことができます。「教育資金の一括贈与」や「結婚子育て資金贈与」も創設され、「住宅取得資金贈与」もありますので、贈与の活用は広がっています。ただし、暦年贈与は相続財産として課税されるように法律の改正が検討されていますので、専門家に相談しながら行うようにしましょう。

現金贈与ではなく「不動産の贈与」という方法もあります。現金よりも不動産の評価のほうが低くなる特徴を生かし、正味価値よりも低い価格で財産を渡すことができます。

「評価を下げる」代表格は「不動産」です。土地の評価額は、「路線価×面積」で算出されますが、同じ「路線価」の道路に接しているとしても、その形状などは個々に違いがあり、評価する土地には何らかのマイナス要因を含んでいることがあります。こうした状況を正確に判断するには、土地の現地調査をし、マイナス要因を把握することによって、土地の評価減を引き出します。

生前にできる節税項目「財産を減らす＋評価を下げる」

財　産	評価を下げて節税	財産を減らして節税
現　金	○ 不動産を購入 ○ 建物資金に利用	○ 贈与 普通 110万円 配偶者控除 2000万円 住宅取得 1000万円 ※2021年12月31日まで ※教育資金 1500万円 ※結婚・子育て資金 1000万円 ※2023年3月31日まで ○ 寄付
株　式	△ 同族会社株であれば計画的に評価が下がる状況を作る	○ 贈与
生命保険	○ 非課税枠1人500万円	○ 現金→保険加入
不動産	○ 土地活用、資産組替 ○ 分筆 ○ 地積規模の大きな宅地評価 ○ 小規模宅地等の特例	○ 贈与 ○ 売却→現金→購入 ○ 寄付
その他対策	養子縁組 （基礎控除増 1人or2人）	法人設立（現金増回避）

相続後の節税対策
「評価を下げる」＋「納税を減らす」

相続後に相続税を節税する方法の一つは、「財産評価を下げること」です。それは、“申告の評価を下げる”ことです。評価を下げれば相続税も下がります。

亡くなってからでも評価を下げることができる財産として、主なものは不動産です。不動産でも、特に、「土地」の評価の仕方は一つではなく、いくつかの方法があります。また、「土地」は個々に形や間口、奥行が違い、整形地でないこともあり、マイナス要因が見つけられることがあります。土地の現実の状況を評価に反映できれば、評価減を引き出すことができ、相続税も節税できます。

他の財産でも評価を下げる要因が見つかることもあります。そうした個別の状況を引き出し、確認することで、減額の要素を一つだけでなく、二つ、三つと積み重ねていくことで、“申告の評価を下げる”ことができ、合法的に相続税も減らすことができるのです。

相続税を節税する方法の二つ目は、「納税を減らすこと」です。

例えば、配偶者控除が最たるものですが、効果的に利用することで納税額を大幅に減らすことができます。また、農地等の納税猶予も納税を減らす選択肢となります。

このように「評価を下げること」と「納税を減らすこと」の組み合わせで、相続税を安くすることができます。

相続税の節税は、「遺産分割」、「評価・申告」、「納税」のタイミングで考え、選択していきますが、サポートをする専門家のノウハウや実務経験により、導き出させるものだと言えますし、合わせて相続人自らの理解や決断が不可欠だと言えます。

個々の事情を判断し、具体的なこととして、財産の評価を下げる要因を探し出すことができれば、亡くなってからでも節税のチャンスを作り出すことができるのです。

このように個々の事情により、いくつかの機会にまだまだ節税するチャンスが残されています。こうしたチャンスを選択して生かしていくかにより、相続税も大きく変わりますので、相続の専門家のアドバイスを受けて選択するようにしましょう。

相続後の節税項目
「評価を下げる」+「納税を減らす」

財　産	評価を下げて節税	財産を減らして節税
現　金	× 要注意 名義預金が増える	× (○寄付)
株	× 要注意 名義株が増える	× (○寄付)
生命保険	△ 非課税枠がある (500万円×法定相続人数)	×
不動産	○ 土地評価 (地積規模の大きな宅地、 不整形､無道路地､特殊要因など) ○ 分筆 (取得者ごとに分ける) ○ 小規模宅地等の特例 ○ 時価評価(売買価格) ○ 鑑定評価	× (△寄付)

納税の減額	配偶者の税額軽減	農地等の納税猶予

評価の仕方には違いがある「現金」vs「不動産」

ここで知っておきたいことは、現金と不動産の評価の仕方の違いです。

現金は額面金額が価値となりますので、１億円は１億円の価値であり、相続税の計算では金額そのままが評価となります。しかし、評価のルールが決められており、不動産は、土地と建物の評価の仕方も違います。

まず土地はいくつかの評価の仕方があり、大都市は以下のように調整されています。

公示価格	100％	（時価相当額、売買されている指標数字）
路線価	80％	（相続税評価額、相続や贈与の財産評価の価額）
固定資産税評価額	70％	（固定資産税課税するために評価する価額）

相続税の場合は、原則は路線価に面積を掛けて評価をします。路線価ではなく倍率が付けられている地域もあり、固定資産税評価額に倍率を掛けて算出します。

路線価は売買されている公示価格＝時価の80％程度とされています。建物は固定資産税評価額を相続税評価額とします。

他人に貸している場合は借地権（30％～90％）、借家権（30％）を掛けた割合を引き、さらに賃貸割合を掛けます。

建物は固定資産税評価額で評価し、おおよそ時価の４割程度になり、貸していれば借家権30％を引いた７割になり、賃貸割合を掛けて算出します。

◆自宅・駐車場など自用地の評価

・土地　路線価×面積

・建物　固定資産税評価額

◆貸アパートなど賃貸物件の評価

・土地　路線価×面積×１－(借地権割合(30～90％)×借家権割合30％)×賃貸割合

・建物　固定資産税評価額×１－借家権割合30％×賃貸割合

【例】建物5000万円　土地5000万円 計1億円の1棟アパートを買った場合

相続税評価額は以下のようになります。

(1)建物の評価額

購入価額の40%程度の固定資産税評価額になる

5000万円×40%＝2000万円

賃貸すると『貸家』となって借家権割合30%が控除できる

2000万×70%＝1400万

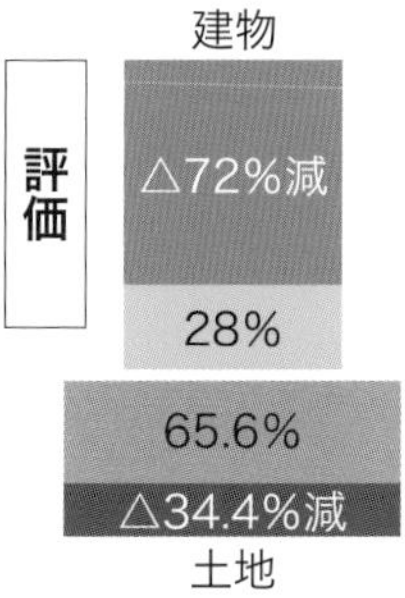

(2)土地の評価額

路線価は購入価格の80%程度

5000万×80%＝4000万円

さらに賃貸すると『貸家建付地』となって

借地権割合×借家権割合が控除できるので

4000万円×(1－(借地権割合0.6×借家権割合0.3))＝3280万円

※借地権が60%の場合

(3)建物と土地の相続税評価額

(1)1400万円＋(2)3280万円＝4680万円

……賃貸している場合

評価
46.8%
△53.2%
減額

〈不動産の評価の検証〉
1棟アパートの場合⇒46.8%

前ページで計算式を紹介している通り、1億円で1棟アパートを購入して賃貸した場合の評価は46.8%で、購入価格の半分以下となります。例の借地権は60%としていますが、借地権割合は場所により30～90%と異なります。

例えば借地権が70%だとすると、

土地　5000×0.8万円×（1－（借地権割合0.7×借家権割合0.3））＝3160万円

建物　5000万円×0.4×0.7＝1400万円

合計は4560万円となり、45.6%の評価となります。

不動産・1棟アパート

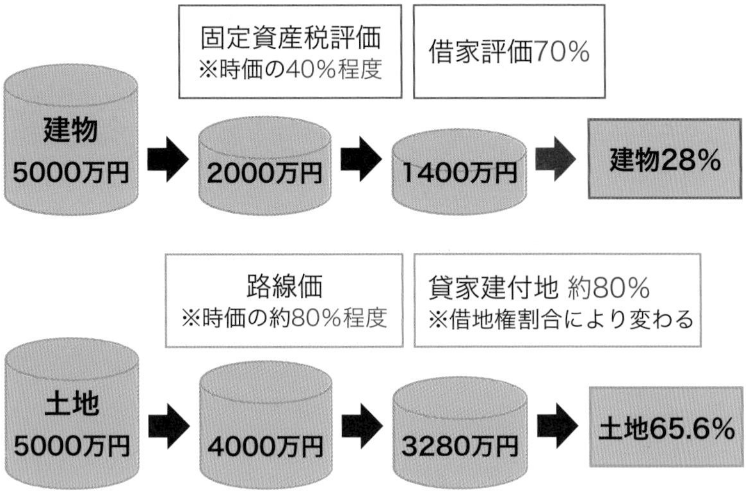

〔1億円の1棟アパート〕評価4680万円 46.8%

※借地権割合60%の場合

〈不動産の評価の検証〉
区分マンション⇒24.19%

左ページでは、土地に共同住宅が建っている1棟アパートを想定しましたが、共同住宅の1室、区分所有の分譲マンションを購入する場合も検証してみましょう。区分マンションの土地は全体のうち一部を所有している形となりますので、土地の評価は小さくなります。建物は所有する部屋の評価となります。一般的には、土地評価よりも建物評価が大きくなります。実例を検証すると、1億円でタワーマンションの1室、3LDKの部屋を購入して賃貸している場合、2419万円の評価となり、購入価格の24.19%に下がります。よって、1棟アパートやマンションよりも建物価格の割合が大きい区分マンションほうが節税効果が高いのです。

不動産・区分マンション

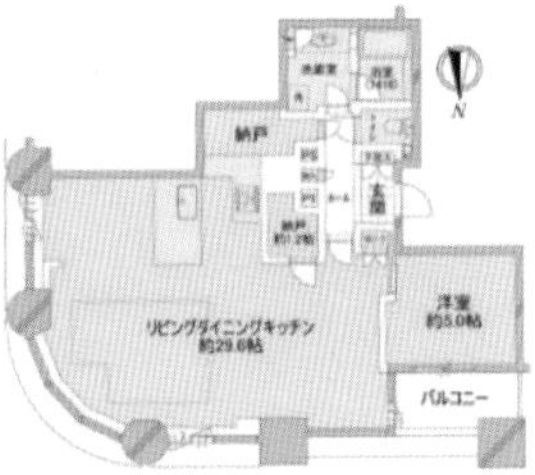

【1億円の区分マンション】
時価1億円(土地56%　建物44%)
評価2419万円　24.19%

【1億円の区分マンション】
一般的には時価の30%相当

〈不動産の評価の検証〉
土地活用の場合

所有する土地を活用して、賃貸アパートを建てる場合、土地は、他人に賃貸している借地権と借家権をリスクと想定し、掛けた割合を引くようになります。この貸家建付地評価は約8割になります。建物は、資産として増えますが、建物は固定資産税評価となり、借家権を掛けて7割になります。さらに、建築資金のための借入金は財産から差し引いて計算しますので、結果的にマイナスのほうが大きくなり、節税になります。450㎡の土地に1億円を借りて賃貸アパートを建てると、8290万円の減額となり、税率が50%であれば相続税が4145万円減らせるのです。

土地活用をして
賃貸住宅を建てると節税

路線価4500万円の土地に1億円を借りて賃貸マンションを建てる場合

建　物

事業費(借入)　△1億円③　建物価格(90%)　9000万円
⇨ 固定資産税評価　(40%)　3600万円
⇨ 貸家評価(70%)　2520万円②

建物9000万円が2520万円の評価になる(28.0%)

土　地

路線価　4500万円
⇨ 貸家建付地(82%)　3690万円　減額
借地権割合60%　△810万円①

土地4500万円が 3690万円 の評価になる(82%)

土地 路線価
→節税0

建物評価→28%
土地評価→82%

建築費借入
→そのまま減額
※マイナスの
ほうが多い

①+②+③ △8290万円評価減となる

税率50%の場合、相続税は**4145万円**減らせる

COLUMN

子どもがないから早めの終活自宅を売却して、遺言書も用意。

60代のＹさん夫婦は子どもに恵まれなかったことから、仕事をリタイヤした頃から自分たちの終活を考え始めました。まずは終の棲家探しです。

最寄駅から徒歩圏、隣接して大きな公園があり、散歩するには適した立地の有料老人ホームが見つかったので、住んでいるマンションを売却、荷物もある程度は処分し、あらたな有料老人ホーム生活がスタートしています。これで老後の介護はホームに託すことができ、きょうだいが負担になることはありません。

次に財産の渡し方を考えました。まずは「配偶者」が相続し、次の相続でＹさんの甥と妻の弟とその子の３人に財産を等分にしたいのが希望です。これを実現するには夫婦とも遺言書を作成し、同じ内容にしておくことが必須です。遺言書がないと３人に等分とする渡し方ができないからです。３人に意思を伝えておけばともに心の準備ができるでしょう。

相続税の出し方を知っておこう

相続税の算出は、専門家に頼まなくても概算であれば自分たちでも算出できますので、一通りのことは知っておきましょう。

一般的な財産の評価や相続税の計算は、そう難しくはありません。財産を全部評価して足したり、引いたり、掛けたりするだけのシンプルな作業ですので、専門家に依頼するにしても自分で出してみましょう。算出の手順は下記になります。

①相続人を確認します

●父親が亡くなっていて母親が財産を持つ人で、子どもは2人という場合は相続人は2人となります。

②基礎控除額を計算します

●3000万円＋600万円×法定相続人の数
相続人が2人の場合は、3000万円+600万円×2=4200万円

③財産を確認し、一つひとつ評価をして、合計します

●土地は、国税庁のサイト（nta.go.jp）から「国税庁 路線価」 と検索し、財産評価基準書（rosenka.nta.go.jp）を開きます。
「財産評価基準を見る」ページから、住所により探していけば路線価が確認できます。倍率地域の場合は、「路線価図・評価倍率表」のページで「評価倍率表」を選択し、宅地、田、畑、山林などが何倍だと確認でき、固定資産税評価額に倍率を掛けて評価します。

●建物は固定資産税納付書に記載されている金額となります。

※賃貸物件の場合は、土地は借地権・借家権を掛けたものを減額、建物は借家権を引いた70％にします

●預金、●有価証券、●生命保険を加算、◆借入金を減額して合計額を出します。

④相続税の計算をする

③－②が相続税が課税される財産です。相続人の法定割合で相続する額を出し、相続税の税率表を見て税率を掛け、控除を引きます。相続人全員分を合計して相続税額を出します。

相続税は難しくない 足し算、引き算、掛け算で出せる

【財産】相続人は子ども２人

亡父 ―― 母
子　子

【自宅】

土地
3500万円（路線価）
建物
500万円
(固定資産税評価)

預金・有価証券
7000万円
（残高証明書）

駐車場
4500万円（路線価）

生命保険
0円

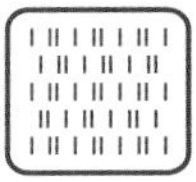

空き地
4500万円（路線価）

負債
0円
残高証明書

財産合計　2億円

【相続税の計算】

財産価額	20000万円
基礎控除 （3000万円＋600万円×２人）	▲4200万円
課税財産額	1億5800万円

↓

子7900万円×税率30%－控除額700万円＝1670万円×2人＝3340万円

相続税　3340万円

相続税の節税イメージはこうなる

相続になって財産が減ってしまうのは残念です。財産の一つひとつの評価がそれぞれに高いので基礎控除を超えてしまい、相続税がかかるという現状です。

そこで生前に、それぞれの財産につき、できる対策を取ることを考えてみましょう。

①自宅は、子どものいずれかが同居していれば、小規模宅地等の特例を利用できます。相続になったときに自宅の土地は330㎡まで80%減となり20%にできます。

※しかし、同居できないご家庭も多いため、他の財産でできる対策を検討します。

②預金7000万円のうち、1000万円は生命保険に加入、一時払いします。
生命保険は法定相続人1人500万円の非課税枠があるので、2人が計1000万円分の生命保険に加入すると、すぐに節税効果が得られます。

③預金の残り6000万円は、区分マンションを購入、賃貸します。時価6000万円の区分マンションは約30%の評価に変わり、1800万円になります。
6000万円の1部屋ではなく、立地を変えた別の区分マンション2部屋にすることがお勧めです。分けやすく、貸しやすく、売りやすくするためです。

④駐車場には、1億円を借り入れて賃貸マンションを建築します。土地は貸家建付地として約80%に減額、新築する建物は固定資産税評価となり、貸家評価70%として加算されますが、借入金1億円はマイナスすることができます。

⑤空き地は売却し、区分マンションを購入します。
評価4500万円で売却して区分マンションを購入すると約30%として1350万円の評価に変わります。

⑥②～⑤につき、全部を実行すると財産評価は3660万円となり、①の同居をしなくても基礎控除4200万円以下の財産評価に変わります。

①3500万円+500万円+②1800万円+④－3790万円+⑤1350万円=3360万円

以上のように、②～⑤の対策を実行することで相続税は0となり、申告も不要になります。このように生前に対策をすることで、相続税を減らすことは簡単にできるのです。

節税の基本
相続税の節税イメージを知っておきたい

【財産】相続人は子ども２人

【土地】3500万円 → ①同居
【建物】500万円
同居する人がいると小規模宅地等の特例が使える
330㎡まで80%減⇒20%
3500万円×20%＝700万円

【現金】1000万円 → 保険証券 ②加入
【生命保険】
非課税枠1000万円＝0円

【現金】6000万円 → ③購入
【区分マンション】
購入6000万円×約30%＝1800万円

【駐車場】 ④活用 → 事業費1億円（諸経費:1000万円）
土地4500万円×貸家建付地82%＝3690万円
建物9000万円×固定資産税評価40%
×貸家70%＝2520万円
合計6210万円－1億円＝－3790万円
④借入1億円 BANK

【空き地】 ⑤売却 → ⑤購入
【区分マンション】
売却4500万円×約30%＝1350万円

土地の売却、購入には仲介手数料など費用がかかりますが、上記は含めずに計算をしています。

差引合計 ②～⑤を実行 3360万円
基礎控除 ▲4200万円

相続税　0万円→申告も不要
※②～⑤を実行すれば①同居しなくても相続税は0

生前に対策をすれば節税は可能になる

第4章

〖親からの相続〗実践するときに考えたい5つの項目

①【不動産】親の家は残す？ どうする？

親の家はどうする？ 空き家でも自宅は残したい？

親世代の方の多くは「自宅は残して、子どもや孫に継承させるもの」という考えを持っておられます。同居する子どもがなく、夫婦二人暮らしをし、その後どちらかが亡くなると、一人暮らしになり、次は介護施設へ住み替えるのが一般的です。誰も住まない空き家になっていても、自宅は残す財産だという考えです。しかし、財産は、活用してこそ価値があるのです。住むことだったり、使うことだったりしてこそ、価値が生まれます。

親の気持ちと子どもの本音

子どもにとって「実家」を残してもらいたいと思うか？　あるいは、負担になるのでいらないと思うか？ご家庭により事情が違いますので、本当に様々でしょう。

子どもがすでに家を持っているのなら、実家に戻って生活することもなく、親の家は不要になるでしょう。親の気持ちと子どもの気持ちに温度差がある場合もありますので、高齢になったときの住み方はどうするのか、将来の自宅はどうするのか、早めに親子で話し合ってみましょう。

【不動産】
親の家はどうする。残す？　売却？

相続のときに問題になるのは「不動産」

実家はどうする？　空き家でも自宅は残したい？
親の意思を優先するが、子どもの意見も必要。

親の気持ちと子どもの本音に温度差？

子どもにとって「実家」を残してもらいたいと思うか？
負担になるのでいらないと思うか？

住んでいた親が売るのが有利

住んでいる人が売却すると特例が使える
住居（コンパクトに）＋賃貸不動産 or 高齢者住宅（賃貸）＋賃貸不動産

認知症になったら対策できない

預金の引き出しや不動産の売却など、
意思確認が必要なことができなくなる

今から共通のテーマとして
親子で話し合いをしておこう

現金より不動産のほうが有利

財産が1億円ある場合、その形により、相続税がどうなるかを比較してみましょう。
父親が亡くなっていて「母親と子どもが1人」というパターンです。
相続人が1人=相続税の基礎控除は3600万円なりとます。

①現金で保有し続けた場合

財産評価　1億円
相続税　税率20%　　1220万円（財産の12.2%）
使える特例　なし…1220万円納税
保有価値　利息0.001%　年間1000円　手取り800円

②1億円で自宅（土地、建物）を購入、居住した場合（財産は自宅のみ）

財産評価　5000万円　※土地は路線価評価、建物は固定資産税評価
相続税　税率15%　　160万円（財産の3.2%）
使える特例　居住用小規模宅地等の特例・・・納税はゼロになる
保有価値　固定資産税がかかる　収益はない　マイナス

③1億円で不動産（区分マンションなど）を購入、賃貸した場合（財産は賃貸不動産のみ）

財産評価　3000万円　※土地は路線価評価、建物は固定資産税評価
相続税　かからない…申告不要　　0円（財産の0%）
使える特例　貸付事業用小規模宅地等の特例…納税があれば節税できる
保有価値　家賃収入が入る　利回り4%の場合　年間400万円

よって相続を考える場合、評価が少なくなることで相続税の節税効果が見込めるため、財産は現預金で持つよりも、不動産で持つほうが有利だと言えます。

金融資産と不動産の違いは？

◆預金1億円を持ち続けた場合

評価	1億円
相続税(税率20%)	1220万円(12.2%)
使える特例	なし
手取り	利息0.001% 800円/年

相続税▶相続人1人の場合

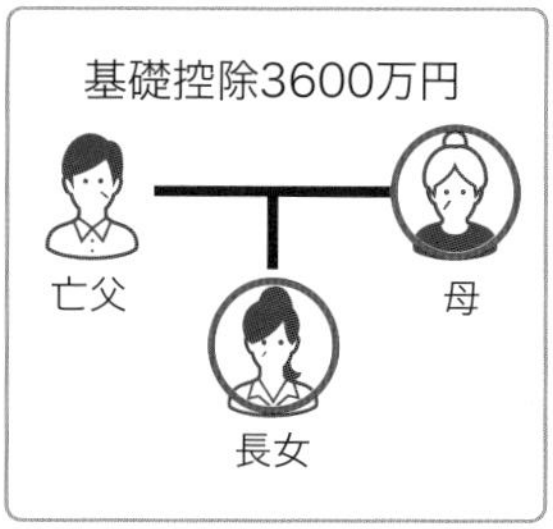

◆1億円を不動産にした場合

【自宅】

評価	5000万円(時価の50%程度)
相続税(税率15%)	160万円
使える特例	あり
手取り	なし(固定資産税がかかる)

【賃貸物件】

評価	3000万円(時価の30%程度)
相続税率	0円(申告も不要)
使える特例	あり
手取り	利回り4%とすると収入は400万円/年

節税と収入は不動産で持つほうがメリット大

住んでいた親が売るのが有利

いずれは訪れる相続を考えると、自宅に住む親が税金や相続のことを考えて、自分の意思で決断することが望ましいと言えます。なぜなら、自宅を売るなら住んでいる人が売却することで、居住用の3000万円控除の特例が活かせるので有利なのです。売却するときにかかる20％の譲渡税などが軽減されます。譲渡益が3000万円を超える場合は600万円の譲渡税がかからなくなり、手元に残せます。

また同居する配偶者や子どもがいない場合、自宅にそのまま住み続けると節税できません。節税対策を優先する場合、自宅を売却し、老後の不安がないケア付き賃貸マンションに住み替えて、売却代金は賃貸物件を購入する方法なども考えられます。資産組み替えで評価が下がり、賃貸事業での小規模宅地等の特例が活かせるようになりますので、節税効果が出せるのです。

認知症になったら対策できない

現在は、超高齢化社会に突入しており、財産を持つ人の年齢もどんどん上がっています。相続の年代も80～90代の方が増えて、100歳以上の方もいる時代です。

そうした高齢化に伴って意思能力が低下する「認知症」と診断をされる人も増えてきました。

「認知症」になると預貯金の引き出しや不動産の売却など、意思確認が必要なことができなくなります。よって子どもの立場からは、親が元気なうちに親のために相続対策をサポートしていく意識と覚悟が必要になります。それには親子、兄弟姉妹でコミュニケーションを取り、情報をオープンにして協力しながら進めていくことが円満なコツです。

Case study 1 一軒家からマンションへ住み替えたMさん

ご家族の状況

・夫を亡くして郊外の一軒家に一人暮らしに（70代）

・2人の子どもとの同居なし

↓

●駅に近いマンションに住み替え

●一戸建てよりマンションは評価が下がり、節税に

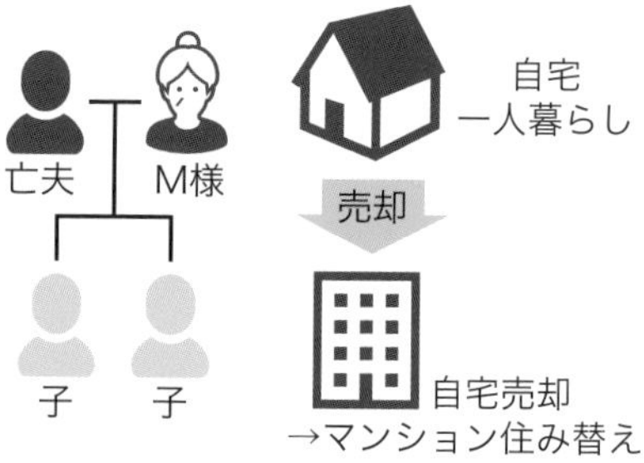

現状と課題

夫を亡くして郊外の一軒家に一人暮らしになったMさん（70代女性）。二人の子どもはそれぞれ結婚し、近くに家を買って生活しています。夫婦二人暮らしはおだやかな日々でした。夫が、70歳になったので少しのんびりしようと思っていた矢先、体調を崩し、亡くなってしまったのです。72歳でした。

それから、3年が経ち、Mさんは一人で自宅に住み続けることが不安になり、庭の手入れなどもおっくうになり始めました。子どもにそうした気持ちを打ち明けると、取りあえず駅に近いマンションに住み替えてはと勧めてくれ、決断することにしました。

対策の提案

夫の財産は全部、Mさんが相続しており、相続税はかかりませんでしたが、このままでは、子どもたちは相続税を気にしないといけなくなります。自宅を売却して、マンションに住み替えることで評価が下がり、節税にもなりました。庭などの手入れに気を使う必要もなくなり、とても楽になったとMさんはひと息つかれたのでした。次はMさん自身の相続対策に取り掛かると、前向きな気持ちだと話しています。

Case study 2 自宅を売って高齢者住宅に住み替えたHさん

ご家族の状況

・Hさん夫婦（80代）は二人暮らし
・1、2階でクリニックを経営し、3階が自宅
子どもとの同居なし
↓

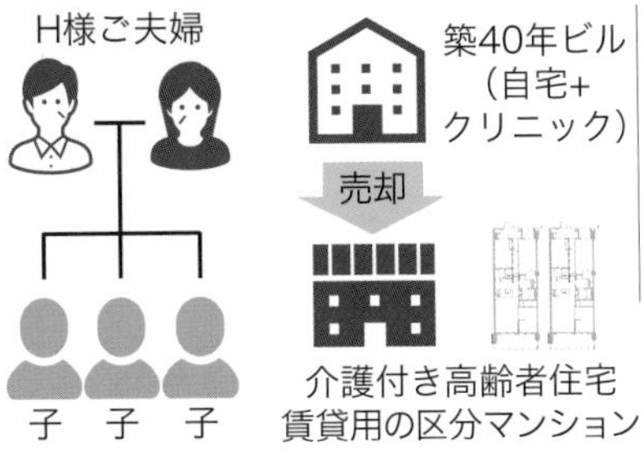

●売却して高齢者住宅に住み替え　●賃貸用の区分マンションを2室購入

現状と課題

夫婦二人暮らしのHさんは共に80代。開業医だったHさんは1、2階でクリニックを経営し、3階を自宅にしていました。ビルは築40年。頑丈な造りなので、それほど老朽化した感じではありませんが、用途が限られており、80歳でクリニックをやめたあとは再利用が難しい状況。3人の子どもが継ぐことはありません。

以前、配偶者の特例を利用して、妻に自宅の一部を贈与してありますので、売却すると二人分の特例が生かせ、6000万円までは譲渡税がかかりません。

対策の提案

そこで、売却して高齢者住宅に住み替えることを決断されました。売却は程なく完了し、売却代金の半分程度で、介護付きの高齢者住宅に住み替え、残る半分は、子どもに相続させるべく、賃貸用の区分マンションを2カ所購入することができ、相続税は大幅に下げることができました。

早めに決断されたことで節税になり、収入も増やせて、子どもたちにも分けやすくなり安心されています。息子たちに区分マンションを1つずつ、娘は現金を相続することで合意されています。

①[不動産]
親の家は残す？　どうする？

親の相続対策を進めるためのチェックポイント〈自宅編〉

□親が自宅で一人暮らしをしている

□親が高齢で一人暮らしは大変になってきた

□実家に同居はできない、する予定がない

□親が亡くなっても実家には住まない

□親は認知症にはなっていない

相続実務士のアドバイス【自宅編】

・売却するなら親が元気なうちが節税できて有利
・自宅の小規模宅地等の特例が使えない場合は、貸付用の特例を使えるように考える
・空き家=役割を終えた不動産は売却して賃貸不動産を購入するなど活用する

②【不動産】不動産を持ち続けることが財産とならない

土地を持ち続けることが財産とならない

かつて「土地は持っているだけで値上がりする財産」という時代がありました。「土地神話」と言われて、土地を所有することが財産の代表格でした。ところが、平成の初期、一挙に土地価格が上昇し、全国的に不動産の価値も上昇しました。しかしそのバブル経済が崩壊、高騰した土地価格は一挙に値下がりに転じました。それが経済不況の引き金となり、いまだに回復の兆しが見えていません。

こうした社会情勢の今では、その土地からの収入がなければ、持っているだけでは固定資産税や維持費がかかり持ち出しとなります。もはや、土地だけで考えると財産とは言えない状態で、負担となりかねないリスクを抱えています。

このように以前とは大きく経済状況が変わっているのに、土地を持っている親世代は土地神話の幻想を捨て切れないためか、土地は持ち続けることが財産だという考えが根強く、その考えから方向転換ができないことが多く、相変わらず土地を持ち続けていれる方が非常に多いのが現状です。

そのため、これからの資産維持や相続対策を考えるとき、子ども世代が長期的な視点や経済的な効果を試算して判断をする必要があります。その上で、親の決断を待って何も進まないというよりも、子どもが親に説明し、理解を得て一緒に対策をすることで、効果的な対策が進められます。

【不動産】持ち続けることが財産とならない

土地神話は崩壊、持っているだけでは負担になる

土地を持ち続けることが財産とならない

収入がなければ、固定資産税や維持費で持ち出し

土地を維持するためにお金をつぎ込んでいる

土地を維持するには固定資産税など費用がかかる
↓
「土地はあるが、お金がない」という事態に

不動産も買い替える時代

土地や建物にも「役割」や「建物には寿命」がある
持ち続けても財産の価値を生かし切れていないことも
↓
活用できる人に売却し、必要な不動産に買い替えていく時代

親の決断を待つより 子どもが親を説得することも必要

土地を維持するために お金をつぎ込んでいる

相談に来られたＴさん（50代女性）の母親は80代です。相続になって慌てなくてもいいようにしておきたいということが相談の内容です。

母親は夫が早く亡くなり、Ｔさんを育てながら仕事をし、自宅の他に8世帯のアパートと200坪の空き地を購入して、所有していました。

200坪の土地は更地で購入してから30年間、アパートやマンションを建てることもなく、駐車場にすることもなく、ただ更地で持っている状態で、固定資産税がかかるばかり。その土地の固定資産税は年間180万円でアパートの家賃収入のほとんどが固定資産税の納付に充てられています。購入価格も含めると1億円ほどもつぎ込んでいるわけですが、とても生産性があるとは言えない状況です。維持するため、固定資産税などに現金をどんどんつぎ込んでしまって、その結果「土地はあるが、お金がなく納税できない」という問題が生じるのです。

不動産も買い替える時代

Ｔさんの母親のように自分が購入したり、あるいは先代から相続した不動産はずっとそのまま維持することが財産を持つ者の役割だと思っている方が非常に多いのが現状です。

けれども土地や建物にも役割や寿命があります。活用されずに持ち続けても財産の価値を生かし切れないため、活用したい人に売却することが現実的です。そのときに必要な目的に合わせて、不動産も買い替えていくことが望ましいのです。

不動産は持っているだけでは、固定資産税などの維持費だけでもマイナス財産となります。自分で活用できない不動産は活用できる人に売却し、必要な不動産に買い替えていく時代になりました。

Case study 3 200坪の家に母親が一人暮らし。維持費250万円。対策にならず

ご家族の状況

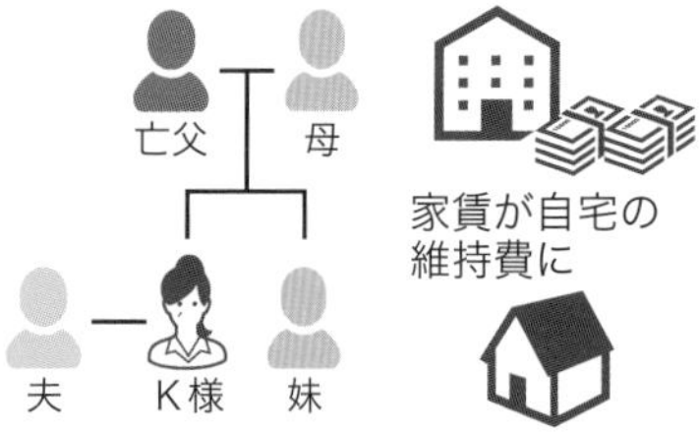

・母親（80代）一人暮らし
・妹（50代独身）一人暮らし
・相談者Kさん（50代）他県で生活

↓

●自宅を売却、住み替え　●次女宅に同居、自宅は土地活用

現状と課題

母親は80代で一人暮らし、50代で独身の妹が母親の自宅の隣に家を建てて一人暮らしをしています。相談者のKさんは他県に嫁いで家族で住んでいます。亡くなった父親は農家の長男で、親から多くの土地を相続しました。その後、相続対策として、2棟の賃貸マンションを建設しています。このままでは不安があるため、対策をしたいというご相談です。

課題　賃貸マンションも自宅もマイナス

自宅は土地が200坪あり、母親が一人暮し。固定資産税だけでなく、築40年のため、屋根などに修繕費がかかり、広い庭の手入れも必須で維持費に年間250万円かかります。自宅は収入がなく、長女も次女も別に自宅があるため、特例も使えません。貸宅地の賃貸料で賃貸マンションと自宅にかかる費用の持ち出しをカバーして、生活費を捻出していることになっています。

対策の提案

広い敷地に一人暮しは効率が良くないため、売却してバリアフリーでコンパクトなマンションに住み替えるのが現実的。あるいは、隣地の次女の家に同居も選択肢。自宅の売却代金で手間がかからない賃貸物件を購入する提案をしています。

Case study 4 駐車場運営では手元に残らない！土地活用が必須となる

ご家族の状況

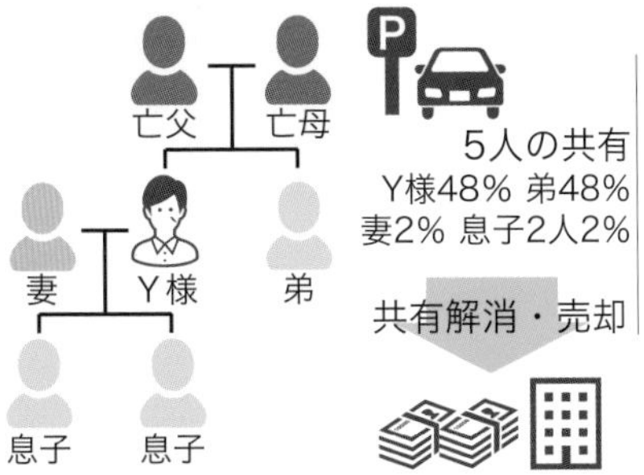

・Yさん（60代男性）土地250坪
　弟や妻子と共有
・相続税は1500万円
・固定資産税は年間120万円
・毎月15万円の駐車料
　法人で運営
　↓
●売却して共有解消　●区分マンション購入

現状と課題

Yさん（60代男性）は父親から相続した土地を駐車場にしています。ハウスメーカーから「ゲストハウス」を建てるといいと勧められています。Yさんにとっては借入が大きく、進めていいのか、判断してほしいと相談に来られました。

Yさんからお聞きすると、駐車場の固定資産税は年間120万円かかっていて、毎月15万円の駐車料があってもほとんど手元に残りません。

また駐車場のままでは節税効果がないため、Yさんの相続では相続税が1500万円かかることもわかり、対策が必要ということは明白です。

対策の提案

土地活用に適さない地形であること、複雑な共有であることから、この土地を維持して土地活用はしないほうがよいことをアドバイスしました。共有解消をするためにも売却して、別の立地に賃貸物件を購入することをお勧めしました。

ハウスメーカーの提案通りに建ててしまい、収支が合わずに後悔したという事例もありますので、Yさんが相談に来られたことは正解です。

②［不動産］
不動産を持ち続けることが財産とはならない

親の相続対策を進めるためのチェックポイント〈土地〉

- □親の住む自宅の土地が100坪以上ある
- □親は不動産はあるがお金は少ない
- □親は先代から相続した土地を持ち続けている
- □親は不動産は売るものではないと思っている
- □親は兄弟で不動産を共有することが良いと思っている

相続実務士のアドバイス【土地】

- 不動産を持ち続けることがリスクになることもあるため現状を確認する
- 土地は活用して収入がないとマイナス財産となる
- 不動産を持ち続けるのではなく必要なものに買い替えるようにする

③【不動産】数よりも質。収益が上がる不動産が財産となる

代々の土地持ち資産家も楽ではない！代々の土地を相続したHさん

兼業農家のHさんは4人兄弟の長男で、跡取りとして祖父母と同居して生活してきました。Hさんで10代目。多くの農地を所有する農家でした。Hさんは30代で会社を辞めて家の賃貸業に専念されました。区画整理されて面積が減ったとはいえ、H家は宅地だけでも3000坪以上もあり、地域でも有数の地主さんです。

固定資産税が多額

父親の資産総額は約30億円。相続税の節税対策として、駅に近い土地に20億円を借りてマンションを建てましたが、まだ大半は空き地や駐車場で、相続税も数億円かかると想定されました。年間の固定資産税だけでも1000万円は超えます。

父親と自分の所得税も千万円単位。資産管理の法人を作り、自分が社長となり、運営していますので、法人税もかかります。毎月毎月、固定資産税、所得税、法人税、住民税、事業税、などなど、税金の支払いとその資金繰りに苦労してきたと言います。賃料も入りますが、返済もあり、それも気苦労の元でした。

財産があっても幸せではない？

Ｈさん夫婦は、資産管理会社の役員ながら、所有するマンションの清掃は自分たちでされていました。夫婦で建物周辺や廊下、ごみ置き場など共有部分の清掃をするのが日課でした。退去した部屋も、自分たちでリフォーム手配をしてクリーニングもします。10棟のマンションやアパートの見回りが日常業務でしたので、休みはなかったと言います。

これだけ努力して財産の維持をしても、父親が亡くなった時に相続税が3億円かかり、母親の特例を活かしても納税が1億円以上。空き地とアパートを売却して納税しました。兄弟への遺産分割にも現金が必要でしたので、さらに別の土地を売却。土地があっても苦労は絶えなかったと言います。

Ｈさんは資産家の跡取りとして立派だと言えますが、多くを維持していくことが幸せかと考えさせられることが多くあります。

数多く持つよりも選別する時代

土地は持っているだけで収入がなければ、固定資産税や維持費がかかるばかりで持ち出しとなり、資産とは言えない状態です。駐車場に利用していると言っても相続税の節税効果はありません。

今までは多くの土地を所有することが、資産家の証しであり財産でしたが、固定資産税や維持費を考えると、これからは、収入のある土地が財産であり、収入がない土地は不良資産となりかねません。数よりも質にこだわって、選別していく時代になりました。

土地を減らして優良資産へ

多くの土地や大きな土地を所有する場合、そのまま持ち続けたのでは評価が変わらないため、節税効果は期待できません。例えば土地の一部は売却して、売却代金で建物を建てたり、賃貸マンションを購入したりして、収入を得られる不動産に組替していくことで評価が下がりますので、節税になるのです。

今まで節税対策の主流となっていたのは、所有地に借入で賃貸アパートを建てることでした。そのため至る所にアパート、マンションができてしまい、駅から遠く買い物に不便な所や老朽化した建物など条件の悪い所は空室となっていきます。こうなると、売却して楽に賃貸事業ができる不動産を購入していくほうが賢明です。例えば、古アパートを所有しているが、賃料が安く、収支が合わなくなった場合は、売却して駅近郊の賃貸物件を購入することで、収支も改善されます。

所有他の立地を替えるために買い替え

所有している土地が、賃貸事業に適していないこともあります。賃貸するのであれば、最寄り駅からの距離が徒歩10分程度であることが望ましい所です。周辺の住環境なども重要になるのですが、所有地の立地は今から変えることはできません。そもそもの土地の立地が賃貸事業に適さないとわかれば、その土地を売却して、別の立地で賃貸事業をするようにします。そのように見極めていかないと、対策の効果が発揮できないのです。

例えば、年間収入250万円の古いアパートを1億円で売却し、家賃が10万円の賃貸マンションを4戸購入すると、年間収入は480万円となり、約2倍近い収入が得られます。また駅に近く、資産になる不動産に替えられるのです。

【不動産】数よりも質 収入が入る不動産が財産となる

多くの不動産を持つことが財産とは言えなくなった

数多く持つよりも選別する時代

収入がなければ、固定資産税や維持費がかかる
数よりも質にこだわって、選別していく時代に

土地を減らして優良資産へ

土地を持ち続けても節税対策はできない
収入が入る不動産に買い替えする

所有他の立地を替える買い替え

賃貸事業に適していない土地は別の立地に
駅に近く、資産になる不動産に替える

不動産を多く持つよりも良質なものを持つ

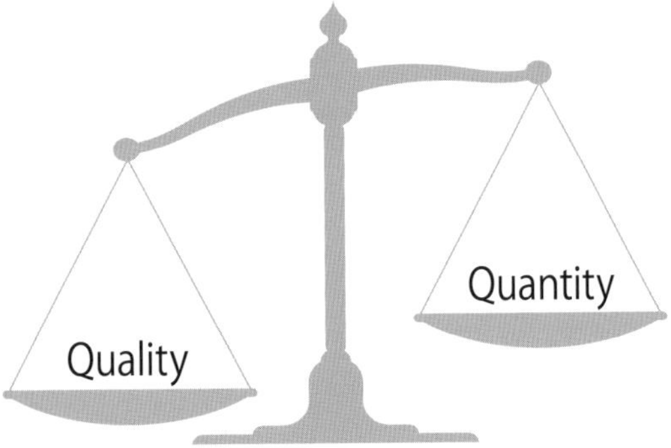

Case study 5 貸宅地を売却。母親の二次相続対策ができたUさん

ご家族の状況

・Uさん(50代男性)の母親(80代)

・父親から多くの土地を相続

　二次相続が不安

・貸宅地は収益性が低い

　↓

●貸宅地を売却、資産組替

●生命保険金にも加入

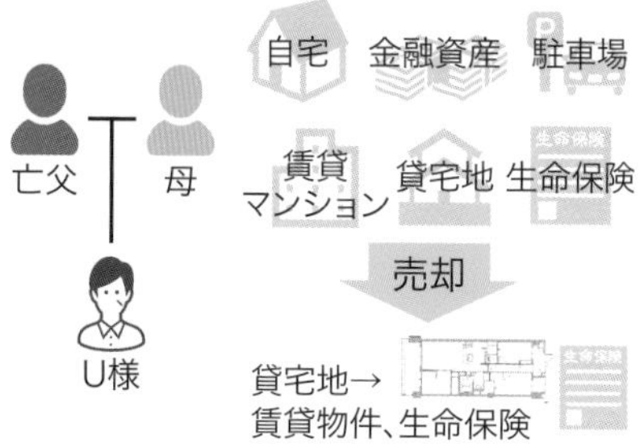

現状と課題

Uさん（50代男性）の父親は地主で、祖父から多くの土地を相続しました。父親が亡くなったときは配偶者の特例を生かして納税の負担は少なかったのですが、母親が多くの土地を相続した結果、二次相続が不安です。

母親の財産は現在、自宅、賃貸マンション、駐車場、貸宅地、金融資産、生命保険があり、相続税の納税が必要になります。

賃貸マンションや駐車場は収益性が高いのですが、貸宅地については収益性も低く、自由に使うことができません。

対策の提案

貸宅地は利用価値が低いため、早めに売却する提案をしました。貸宅地の売却先は借地人が第一候補ですので、生前ながら、借地権者に事情を説明すると、ぜひ購入したいという意向があり、双方の納得できる評価額で売却することができました。

貸宅地が売却できたことで代わりに家賃収入が得られる賃貸物件を購入し、生命保険にも加入して母親の二次相続の節税対策ができました。こうした対策ができて、母親もUさんも安堵されました。

COLUMN

財産は残すよりも活用する時代！趣味、起業、ボランティア、寄付など。

一昨年、70歳独身男性のI様が孤独死されました。きょうだいがなく、ご両親も他界、相続人がいない方です。３億円ほどの財産は国のものに。お父さんの相続、次にお母さんの相続のお手伝いをしたとき、I様はまだ60代。遺言書はご提案したものの早いと先延ばしとなりました。その後は今までどおりに質素な方で財産を使うこともなく残ったままだったのです。もっと背中を押してあげるべきだったと後悔しています。

この経験から、財産は残すよりも活用してこそ価値があると発想を変えて、ご自分やご家族のために活用して頂くことをおススメしていきたいと思うようになりました。趣味、起業、ボランティア、寄付などなど、思いつく限りのことに活用して頂き、毎日明るく、楽しく、周りにも優しく、有意義な生き方を実践して頂ければ世の中も明るく見えるのではないでしょうか。

Case study 6 不良資産を売却、築浅物件に買い替えて一安心できたDさん

ご家族の状況

・Dさん（60代男性）母親（80代）Dさんの弟（50代）

↓

●古い物件のすべてを売却し、立地の良い都市圏の築浅の物件に買い替え

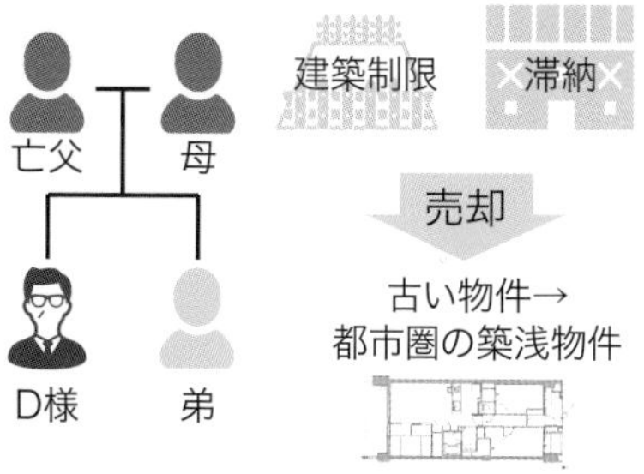

現状と課題

Dさん（60代男性）の父親は、定年後に本格的に賃貸事業を始めましたが、投資額を押さえるために競売で収益物件を購入し、財産を増やしてきました。父親が亡くなり、相続人は母親とDさんと弟です。

父親の財産は、築40年程になる木造アパートや、建築制限があり建物が建たない土地、家賃の滞納が多いアパート、賃貸借契約書がない物件など、どれも難があります。大規模改修やリフォームに、今後大幅な出費がかかり、賃貸経営を継続していくことは不安ばかりでした。

対策の提案

そこで、何も対策をしてこなかった父親のときのようにならないように、母親と相談して、古い物件のすべてを売却し、買い替えをするように提案しました。幸いなことに全物件を売却することができ、立地の良い都市圏の築浅の物件に買い替えることができたのです。

これで母親の二次相続では相続税の負担も減り、苦労なく引き継げるめどが付き、Dさん兄弟はようやくひと息つかれました。

③[不動産]
数よりも質。収入が入る不動産が財産となる

親の相続対策を進めるためのチェックポイント
〈土地〉

□親に先代から相続した財産がある

□親が自宅以外の不動産を持っている

□親に賃貸事業など収入がある

□親は先代の相続税を払っていた

□親の所有する不動産が活用し切れていない

相続実務士のアドバイス【土地】

・土地を多く持ち続けていくことは税金や経費の負担も多く、維持するには相当な負担が発生する

・不動産は多く持つことがいいのではなく、効率良い持ち方が必要。量より質と言える

④【現金】老後の現金って必要？親世代は使えない

銀行に預けることがゴールではなくなった！リスクもある

日本人の貯蓄率は高く、金融資産の半分以上が預貯金です。多くの方は、自分たちは節約して、子どもや孫に「現金」を残すために、長年コツコツと貯金をし、何千万円、あるいはもっと多くを残してこられました。「預金があるから相続税は払えるので安心だ、そのために残してきた」と言われます。

しかし相続になると、貯めてきた現金に課税をされるのです。そして残してきた預貯金は、相続税の納税のために減ってしまうのです。

果たしてそれでいいのでしょうか？　親世代のほとんどは銀行に預けておくことが財産だと思っていますが、預貯金にしておくリスクも増えています。

一つは「預貯金の在りかがわからないこと」です。子ども世代からは親の預貯金はわからない、聞きにくいし、教えてもらえないと言われます。そうした人たちは相続になってから、慌ててあちこちの金融機関に出向いて預貯金口座を探すことからしないといけないのです。

長寿社会になるとともに、一人暮しの高齢者の方も多く、認知症も増えています。親と離れて暮らす子どもは親の預貯金は把握しにくいものです。聞かないまま認知症になってしまえば、どこの金融機関に預貯金をしているのかもわからず、相続になっても見つからない可能性も出てきます。

【現金】
老後の現金って必要？　親世代は使わない

銀行に貯めることがゴールではない？

休眠預金の制度がスタートしている

10年間入出金がない預金口座は「休眠預金」
休眠預金は国が活用している

名義預金は税務調査される

「名義預金」は贈与にならず
相続財産となり追徴課税

老人ホームの費用が必要になるか？

高齢者住宅は入居金も安くなった
最後まで自宅という選択肢も
→小規模住宅地等の特例を生かせる

現金は預けておくよりも対策で活用する

休眠預金の制度がスタートしている

二つ目は、見つからない預貯金が「休眠預金」となり、気がつかないままだと手元に戻らないということです。2018年より10年以上の入出金がない預貯金口座は、休眠預金となり、国の指定活用団体に移して活用されることが決まりました。

最近では年間1200億円もの預貯金が休眠預金として指定されて、そのうちの半分は動きがないままのため、国の管理となり、活用されています。

眠らせておいた預貯金も忘れてしまい、引き出したりしなければ、預けた人が使えないことになります。銀行に預けたから安心とはいえない時代で、使わなかったら、財産ではなくなってしまうのです。

名義預金にしたらダメ

三つ目は「名義預金」にしておいては贈与にならないのです。「名義預金」というのは親が子どもや孫の口座を作り、自分のお金を贈与したつもりで預貯金をしておくことで、通帳も印鑑も親が持ったまま、渡していないのです。

これでは贈与は成立しておらず、名義は子どもや孫でも親の預金でしかないのです。

相続税の税務調査では「名義預金」の指摘が多いことから「名義預金」はリスクと言えます。申告漏れとなった「名義預金」は当然、相続財産として加算され、追徴課税されます。無申告加算税だけでなく、悪質な場合は重加算税が加算され、ほとんど手元に残せません。

よって「名義預金」にしておいてはダメだということです。贈与する本人に渡して、本人が自由に使えるようにしておきましょう。

休眠預金の活用の流れ

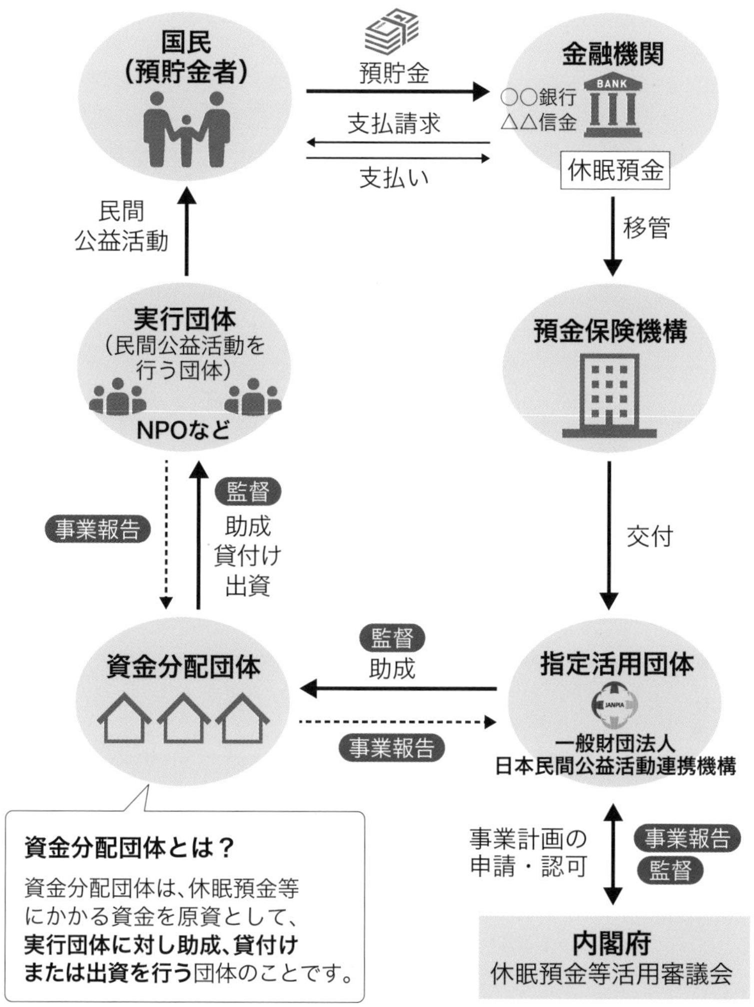

出典:「2019年度資金分配団体募集のお知らせ」一般社団法人日本民間公益活動連携機構より作成

金融資産＝眠っている預貯金の市場

日本人の金融資産残高

1946兆円

2021年8月 日本銀行より発表

→金額を不動産取引にすると仲介料550兆円の市場

預貯金の割合が高い50%超

→増えない財産

家計の金融資産構成（2021年3月末現在）

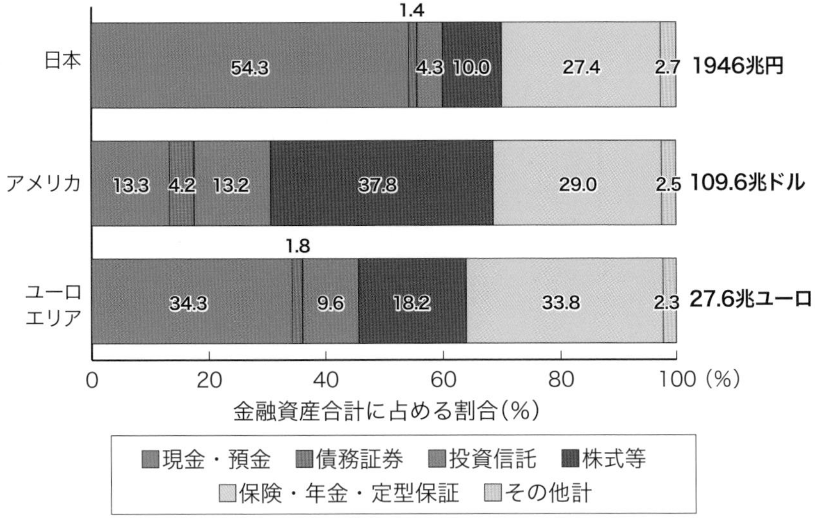

*「その他計」は、金融資産合計から、「現金・預金」、「債務証券」、「投資信託」、「株式等」、「保険・年金・定型保証」を控除した残差。

眠っている預貯金を不動産取引にできたら

老後は老人ホームの費用が必要になるか？

預貯金を残してあるのは、相続税の納税のことばかりではなく、何となくではあるが、「老後は子どもたちの世話にはならずに、老人ホームに入るための入居金にする」という方が多いのです。

高級な有料老人ホームに入るには、何千万円もの終身利用権が必要なところもありますので、老後はまとまったお金がないと不安だということでしょう。

しかし、最近では、老後の住まいの選択肢が増えてきました。例えば、高齢者賃貸住宅であれば、入居する際に数百万円の保証金を払えばよく、何千万円ものまとまったお金は必要ありません。毎月の費用も家賃と食費、管理費などで20万円以内、年金で賄える程度ですので、老後の住まいのためにまとまったお金を残しておく必要はない時代です。

老人ホームが自宅になると節税にならない！

元気な高齢者の方も多く、90代でも自宅暮らしをされている方もあります。多くの方が「最後まで自宅で生活したい」と言われて、そうした選択肢も増えています。相続税を考えると自宅を所有していれば小規模宅地等の特例を生かせますので、330㎡までは80％減にできます。1億円の土地であれば2000万円となり、8000万円は減額できるのです。

有料老人ホームの場合は自宅の土地がなくなりますので、終身利用権は金融資産となり、相続時は残額に課税されますので、節税効果はないのです。

よって、最後まで自宅のほうが相続税は節税になりますので、老後に何千万円ものお金を使って有料老人ホームに住み替えることの目的を明確にして、慎重に検討したほうがよいと言えます。

有料老人ホームと自宅の違いは？

◆有料老人ホーム

メリット	ケア付きで安心 家族の世話にならなくて済む
相続税評価	終身利用権の返金に課税
小規模宅地等特例	使えない（自宅の所有がない）

◆自宅＆介護施設

メリット	まとまった現金は不要
相続税評価	不動産評価が時価の半分程度 となり節税できている
小規模宅地等特例	使える 330㎡まで評価の80％減できる 節税効果大

有料老人ホームに入ると節税できない

Case study 7 高齢者賃貸住宅で快適に暮らす Tさん　まとまったお金は不要

ご家族の状況

・Tさん（80歳・男性）
30代の息子と二人暮らし
・息子の負担にはなりなくない
→高齢者の賃貸住宅に転居
・利用料月額20万円、年金で十分賄える
↓
●預金6000万円で2戸の区分マンションを購入

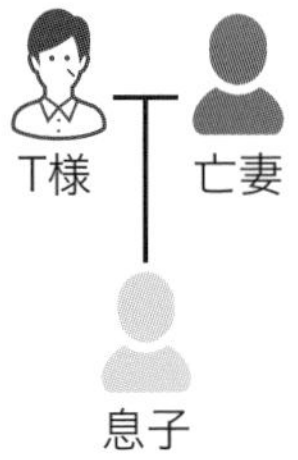

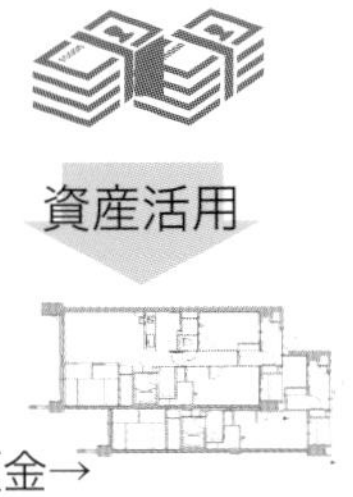

現状と課題

Tさんは80歳。70代の妻から先に体調を崩し、2年ほどで亡くなりました。自宅は、Tさんと息子の二人暮らしになりました。息子はまだ30代で、独身。Tさんは、息子の負担にはなりなくないと、高齢者の賃貸住宅を探して転居しました。

賃貸住宅と食費などの費用は月額20万円に納まるため、年金で十分賄える金額です。

このままでは、相続税が増えるばかりですので、相談に来られました。

対策の提案

できるだけ息子が維持しやすい財産にして、残していきたいというご希望でしたので、区分マンションの購入をお勧めしました。

預金6000万円で2戸の区分マンションを購入して評価を下げました。また、家賃が入るようになり、不安はありません。

これでTさんも息子さんも、安心できたと喜んでおられます。

Case study 8

叔母はまとまった金融資産を所有

ご家族の状況

・叔母（90代）子どもに恵まれず 甥姪10人が相続人

・財産は金融資産だけでも相続税がかかる

↓

●区分マンションを2戸購入

●公正証書遺言を作成　●認知症に備えてMさんが任意後見人になる

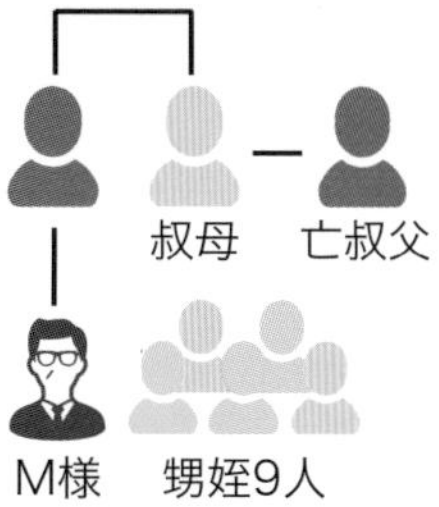

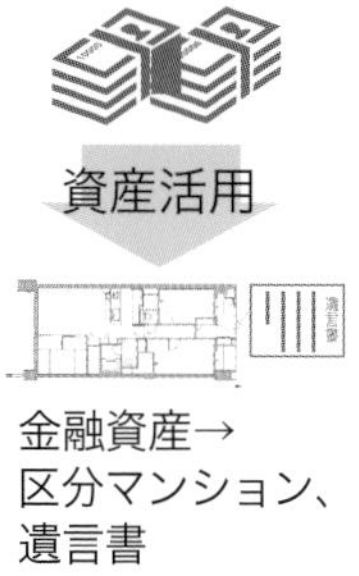

現状と課題

Mさんの叔母は配偶者が亡くなり、子どもに恵まれなかったため、Mさんたち甥姪10人が相続人となります。一人暮らしが大変になったので自宅マンションを売却して、介護付きの高齢者住宅に入っていますが、財産はすべて金融資産です。自宅の売却代金の他に夫から相続した預金など、銀行に預けたまま1億6000万円ほどで減らないと言います。

対策と提案

叔母が認知症になってしまうと解約が大変になることが想定されるため、投資信託を解約し、そのお金で家賃収入が入る区分マンションを2戸購入することをご提案しました。この対策で相続税も節税できました。

叔母が銀行に出向いて投資信託を解約し、叔母の意思確認を取りながら、売買契約も済ませることができ、ひと段落しました。

相続人が多いので分け方も決めて公正証書遺言を作成、認知症になったときはMさんが任意後見人になる契約もでき、財産は残せると叔母もMさんも安心されました。毎月の家賃が20万円程度になり、資金的な不安もなく、生活できます。

④[現金]
老後の現金は必要？ 親世代は使えない

親の相続対策を進めるためのチェックポイント〈預金〉

□親の預金口座がわからない

□親が預金など金融資産を教えてくれない

□親がまとまった預金を持っているか？

□親の財産は相続税がかかるか？

□親の老後はどこで生活したいか聞いていない

相続実務士のアドバイス【預金】

・銀行に預けておくことがゴールではない
・親の金融資産の確認は生前にしておくこと
・相続税がかかるか否かを早めに確認して相続対策のプランを作る
・有料老人ホームは相続税の節税にはならない。最後まで自宅も選択肢
・まとまった金額を残す時代ではなく、活用する時代

⑤【現金】贈与するなら、不動産が現金の3倍もお得！

生前の節税対策は「財産を減らす」＋「評価を下げる」

生前に相続税を減らすには、主に「財産を減らす方法」と「評価を下げる方法」となります。「評価を下げる方法」は不動産対策で、購入、資産組み替え、土地活用などいくつかの種類がありますが、いずれも節税効果があります。

次に、「財産を減らす方法」となるのが「生前贈与」です。財産を子どもへ先渡しして自分の財産を減らすことで、確実に節税できます。

「贈与」でいちばんに思い浮かべるのが現金贈与でしょう。現金であれば手渡ししたり、振り込んだりして気軽に取り組めますので、多くの方が実践されていることでしょう。

けれども現金贈与だけでなく、「不動産を贈与する方法」もあるのです。不動産は時価の3分の1程度の評価に下がっていますので、現金を贈与するよりも3倍程度の財産が渡せることになります。

◆相続時精算課税制度は節税にならない

相続時精算課税制度は、贈与税を課税しない代わりに相続財産として合算して相続税を払うことになります。贈与を受けたときの評価で税務署に申告をしているため、実際に相続となったときに財産の価額が上がっていれば節税となりますが、財産の価額が一緒、あるいは下がっていれば、相続税の節税にはなりません。

【現金】贈与するなら、不動産が現金の3倍もお得！

不動産にしてから贈与する方法もある

現金よりも不動産で贈与したほうがお得

金融資産（現金、有価証券など）は額面が価値
不動産は、時価よりも低い路線価や固定資産税評価で評価
住宅資産の贈与よりも不動産にしてもらったほうが得

相続時精算課税制度は節税にならない

相続財産として「贈与時の価額で加算」
評価が下がっている不動産も贈与額となる
…節税にはならない

賃貸物件を贈与してもらう

賃貸物件を贈与するならば、所得税、相続税の節税となる
アパートを贈与すれば、その後の家賃収入は
子どものものとなり、現金増を防ぎ、節税になる
子どもは相続税納税資金として蓄える

現金贈与よりも不動産贈与のほうが効率がいい

現金よりも不動産で贈与したほうがお得

現金の贈与は、一般的に節税対策として多くの方が実行されていることでしょう。現金などの金融資産は額面どおりの時価で評価されます。100万円の現金は、現在も将来も100万円の価値だということです。

しかし、不動産の場合は、少し事情が違います。なぜなら不動産は時価よりも低い路線価や固定資産税評価で評価されますので、より多くの価値分を贈与できるということです。

例えば、都市部の場合、現在の地価は下落しており、将来上昇に転じることもあります。そうすると評価の低いときに贈与してもらうと有利です。賃貸物件なら、贈与後の家賃収入も受け取ることができ、節税効果と利用価値が得られます。

そうなると、住宅資金の贈与よりも住宅をもらったほうが得だということです。相続税法上の建物の時価は固定資産税評価額、土地は路線価で決まるので、市場での時価が1億円の都心の土地と建物でも評価額は半分以下ということが普通にあります。そのため、住宅購入資金として現金を生前贈与してもらうより、親が住宅を購入し、それを贈与してもらったほうが節税になるのです。

◆賃貸物件を贈与してもらう

しかし、贈与財産の「贈与時の価額」と「相続時の価額」が一緒である場合でも、賃貸物件を贈与するならば、所得税、相続税の節税となります。

例えば、親が賃貸アパートを所有している場合、家賃収入のうち必要経費や所得税などを差し引いた残りの現金は、毎年、貯まって相続財産となり、課税されます。ところが、賃貸アパートを子どもに贈与すれば、その後の家賃収入は子どものものとなり、相続財産の増加を防ぐことになります。

子どもは相続税納税資金として蓄えることができます。賃貸事業は所得の分散効果があるため、子どもより親のほうがはるかに所得があるならば、親・子共に所得税が減ることになります。

Case study 9 親のお金を増やさないための贈与 Yさん

ご家族の状況

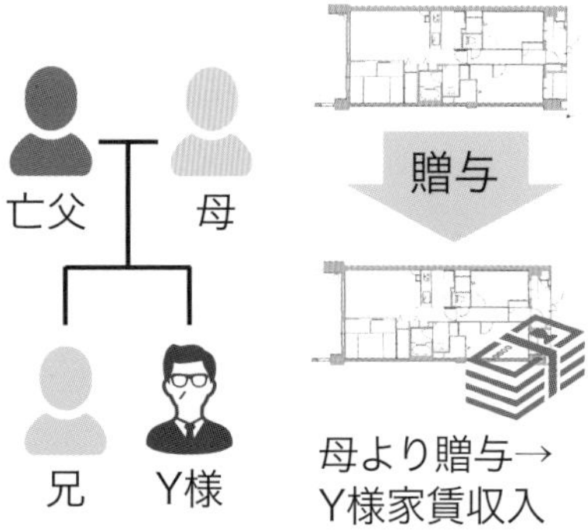

・Yさん（40代男性）
体調を崩して長期入院、会社を退職
継続的に通院治療。母親は家賃収入
がある
↓
●相続時精算課税制度でマンションを
母親からYさんに贈与
●家賃が15万円入る
●母親の節税対策に　●働けなくても毎月の家賃収入が得られる

現状と課題

Yさん（40代男性）は体調を崩して長期入院が必要となったため、会社を退職しました。退院後も継続的に通院治療が必要で、働くことが難しい状態です。

現在は独身で母親と実家に暮らしているので生活には困りませんが、将来が不安だと言います。

提案

父親は数年前に80代で他界しており、そのときは全財産を母親が相続しました。母親は自宅の他に区分マンションを所有していて家賃収入があります。しかし、母親は年金と預金で生活には困らないため、今のうちにYさんにそのマンションを贈与してはどうかとアドバイスしました。

お兄さんもそれには賛成してくれましたので、相続時精算課税制度を使い、贈与するようにされました。区分マンションの時価は4000万円程ですが、評価は900万円で家賃が15万円入ります。

Case study 10 母親の節税対策のために不動産贈与が効果的 Hさん

ご家族の状況

・Hさん（50代）　母親（80代）の財産は現預金と有価証券
・相続人は長男であるHさんと3人の妹（50代、40代）
↓
●母親名義で区分マンションを1人2戸購入、賃貸事業開始。翌年、子ども4人に2部屋ずつ贈与

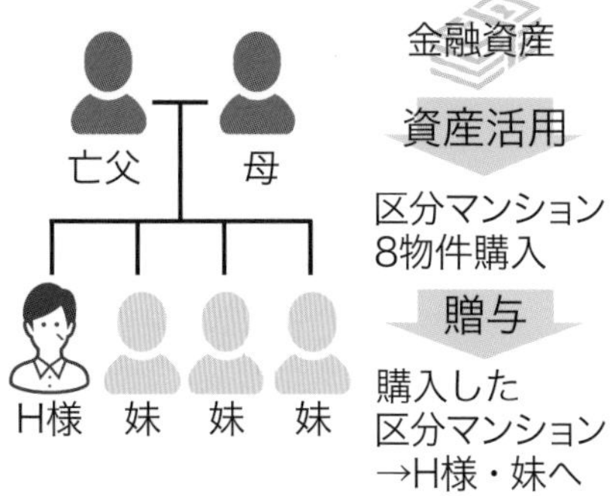

現状と課題

Hさん（50代）の父親は何も節税対策をしていなかったため、85歳で亡くなった時に億単位の相続税を払う必要がありました。これを教訓として、父親の財産を半分相続した母親の二次相続では同じ思いをしないように、少しでも節税をしたいので提案してほしいというご希望でした。

母親はこの時にまだ80歳前でしたが、父親の相続手続きが終わってその流れで、節税対策にも取りかかりました。

対策の提案

母親名義で区分マンションを1人2戸購入し、その年は母親が賃貸事業を始めました。翌年、子ども4人に2部屋ずつ、贈与することにして、節税対策として計画的に取り組みました。子どもたちはそれぞれ自分が贈与を受ける物件を母親と一緒に見て母親に決断してもらうようにしましたので、全員が納得できるような進め方をしています。全部で8物件を購入、次に贈与が完了しましたので、これで二次相続になっても不安はありません。

⑤［現金］
贈与するなら、不動産が現金の3倍もお得！

親の相続対策を進めるためのチェックポイント〈贈与〉

□親は生前贈与に理解がありそうだ

□親の相続まで待つより早くもらいたい

□親は金銭的な余裕がある

□親は納税用にお金を貯めている

□親は認知症にはなっていない

相続実務士のアドバイス【贈与】

・現金で贈与するよりは不動産にしてからのほうが効果的
・不動産で贈与する場合は賃貸事業をした後とする
・2500万円までは相続時精算課税制度を利用したほうが得策

第5章

〖親からの相続〗成功させるために「相続プラン」を作る

夢相続 相続

SETP1 感情面を考えてみましょう

1 相続人は何人いますか？

家系図を作成してみましょう

1 相続人

人

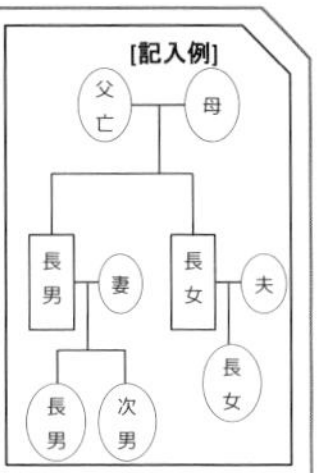

もめる要素や懸念事項がないかを確認してみましょう

⇒ 不仲、かくしごと、寄与、分けにくい…など。

- □【不仲】家族間ですでに争いを抱えていたり、疎遠・対立している
- □【主張】遺産分割につき、個々の主張が違う
- □【寄与】介護や事業に貢献してくれた相続人に多く分けたい
- □【不動産】不動産が分けられない、または分けにくい
- □【生前贈与】贈与した財産があるが全員に知らせていない

➡

- □遺言書（争族防止）
- □民事信託（認知症対策）

SETP2 経済面を考えてみましょう

2 基礎控除を算出しましょう

3000 万円 ＋ **600**万円 × [1] 人 ＝ [2] 万円

3 財産を把握しましょう

不 動 産	土地・建物・賃貸物件など		万円
金融資産	銀行預貯金・株式・生命保険など		万円
負　債	銀行借入など	△	万円
	正味財産額	[3]	万円

4 相続税と申告の有無について

[3] 万円 － [2] 万円

＝ [4] 万円 ⬅ **マイナス**ならば…相続税の申告無し
プ ラ スならば…**相続税の申告有り**

対策 チェックリスト

相続税の計算の仕方

※ 相続税額は法定相続人の数で変わります。周りのスタッフにお声をお掛けください。

例

財産：8400万円（3）
　－ 基礎控除：4800万円（2）
　　＝3600万円（4）

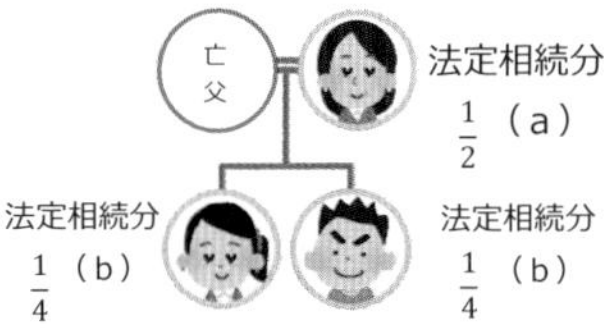

❶ 3600万円（4）×$\frac{1}{2}$（a）＝1800万円（c 配偶者の相続額）
右下の相続税表で1800万円(c)の税率を確認⇒15%(d)
1800万円(c)× 15%(d)－ 50万円(控除額)＝ 220万円(e)

❷ 3600万円（4）×$\frac{1}{4}$（b）
＝900万円（f 子ども1人当たりの相続額）
右記の相続税表で900万円(f)の税率を確認⇒10%(g)
900万円（f）× 10%(g) － 0(控除額) ＝ 90万円(h)

❸ 220万円(e) ＋ 180万円（i）＝ 400万円 ⇐ 相続税額

相続税表

各法定相続人の取得金額※	税率	控除額
~1,000万円以下	10%	-
1,000万円超~3,000万円以下	15%	50万円
3,000万円超~5,000万円以下	20%	200万円
5,000万円超~1億円以下	30%	700万円
1億円超~2億円以下	40%	1,700万円
2億円超~3億円以下	45%	2,700万円
3億円超~6億円以下	50%	4,200万円
6億円超~	55%	7,200万円

相続税がかかるかや懸念事項がないかを確認してみましょう

⇒ 相続税、不動産、金融資産・・・など。

- □【財産確認】財産がどれぐらいあるか確認できていない
- □【生前対策】これといった生前対策はしていない
- □【預金】他の財産に比べて預金が少ない
- □【名義預金、保険】自分が契約した家族名義の預金や保険がある
- □【不動産の整理】問題を抱えた不動産がある（境界、共有名義など）
- □【土地の有効活用】遊休地がある
- □【納税】納税するための現金はない
- □【売却】土地を売却しないと納税できない
- □【節税】相続税を節税する余地がある
- □【不動産が多い】自宅の他にも不動産がある

□節税対策　□納税対策

相続プランは「経済面」「感情面」に配慮して作る

相続になってからでも、土地の評価や特例の適用で節税できる方法は残されていますが、それは一部でしかありません。やはり、相続税の節税対策の大部分は生前にしておくべきことで、取り組んだだけの効果は確実にあります。相続税がかかる場合は、節税対策は必須と言えるでしょう。

また、特例が使えるから対策しなくても何とかなる、という場合でも安心はできません。なぜなら、特例を使うには、相続税の申告期限までに遺産分割が完了していないといけないのです。そのため、少なくとも、もめない対策は必須だと言えるのです。

相続になっても残された人が円満に、不安なく、争わずに乗り切れるよう、感情面と経済面の両方に配慮しながら対策をしておくことで、相続の価値が高まります。さらに、そうした意思を残し、対策をしてこられたご本人への感謝や評価が高まり、家族の絆が再確認できる機会となります。

相続では、配慮のある生前対策をしておくことが大切です。そうした用意がないと、残された家族は迷い、主張し、争うことになります。相続は「何とかなるだろう」ではうまくいきません。生きているうちに「相続プラン」を作り、自分の意思を残すようにしてください。

【相続プランの項目】

●現状分析と課題整理

●対策の提案と成果の検証

◆【経済面の対策詳細】不動産・現金を活用した生前対策と効果

◆【経済面の対策詳細】その他の生前対策と効果

◇評価の基礎資料1　相続人・不動産・動産の確認と評価

◇評価の基礎資料2　適用可能な制度の検証

●対策後の評価と成果の検証

◆【感情面の対策詳細】分割案と争い防止の対策

相続の課題を整理する

課題は個々の事情により様々な内容となりますので、面談によりご希望や不安などをお聞きして、カウンセリングをすることで課題を見つけ出します。

カウンセリングは、「経済面」①財産に関すること、②申告・納税に関すること、③生前対策に関することと「感情面」、④被相続人・相続人に関すること、⑤遺産分割に関することの項目となっており、相続全般にわたってご相談者の状況を確認することで課題を見つけるようにします。

さらに、生前対策として課題の具体的な解決策や相続税の節税対策を提案しますが、財産の内容や相続税額、相続人の状況や意思により違うため、内容はおのずと「オーダーメード」になります。

[相続プラン]のサンプルより

現状の分析とご提案

※P119参照

現状分析・課題

①相続税額が約9220万円。納税が必要になります。
②預金で納税はできるが、金融資産が目減りします。
③更地は固定資産税が高く、そのままでは負担です。

ご提案

【経済面】①駐車場は節税効果がないため、活用か売却の検討をする
②預金が多いが、節税効果がないため、対策に活用する
③収益増に繋がる資産活用を検討する

【感情面】①争い防止のために分割案を検討する
②遺言書を用意して争わないようにする

生前対策をした人の内容分析

①依頼者の男女比

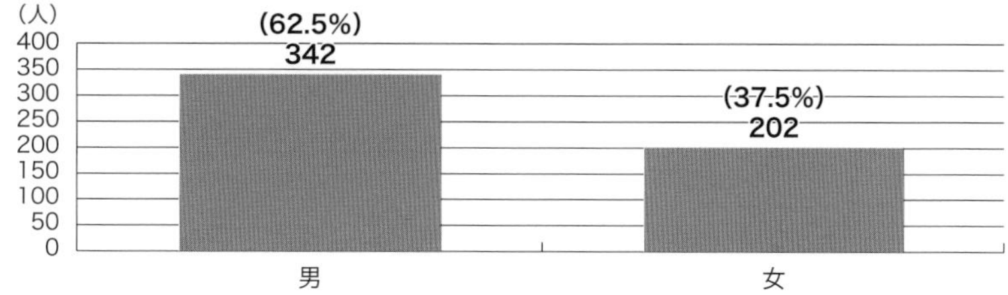

②依頼者の年齢

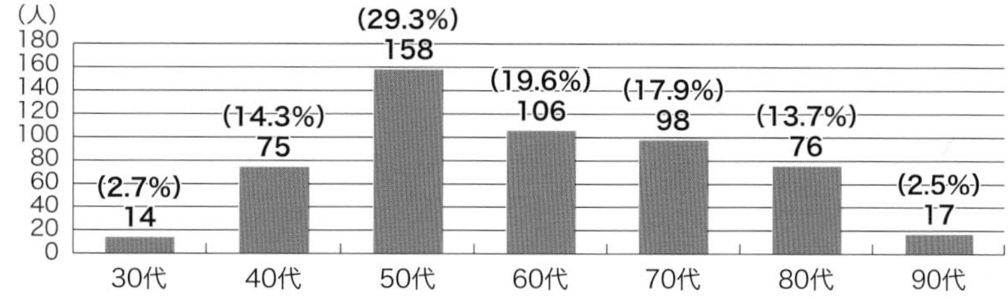

③配偶者の有無

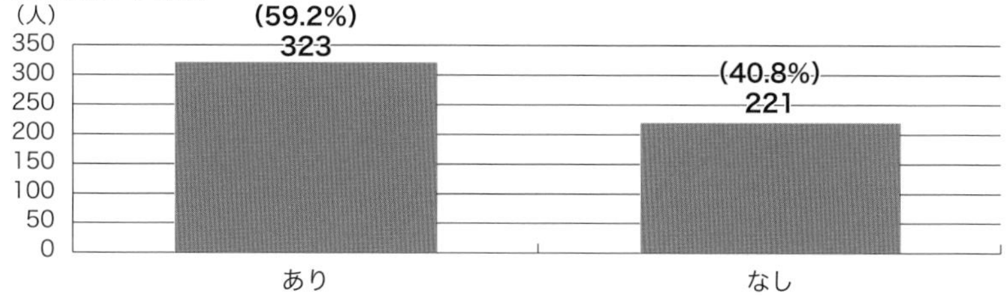

④相続人の数

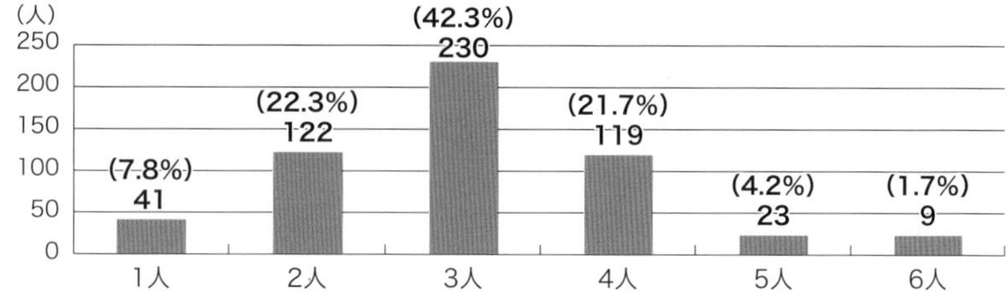

平成20年(2008)～令和2年(2020)　544人　夢相続データ

生前対策をした人の内容分析

⑤財産額　合計

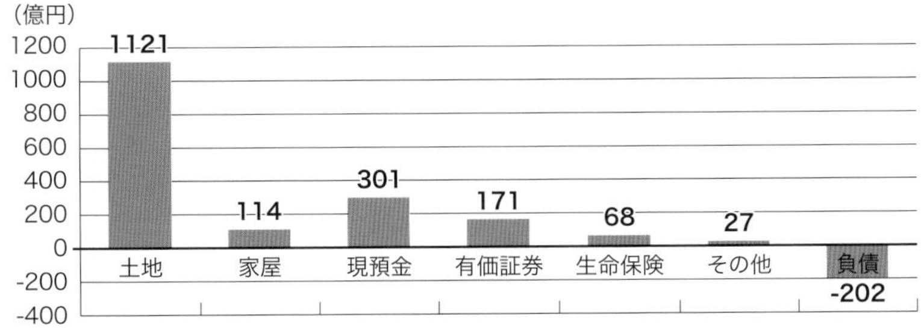

⑥財産の平均額

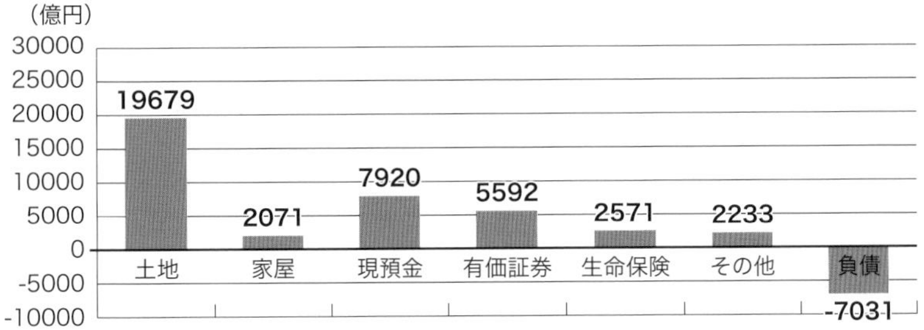

⑦提案内容

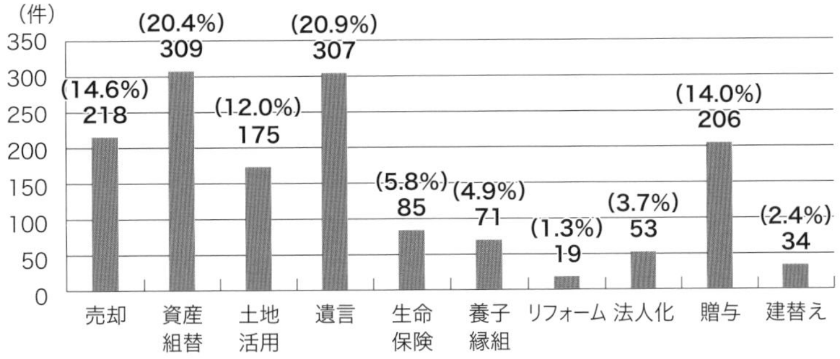

平成20年(2008)～令和2年(2020)　544人　夢相続データ

財産の確認、現地調査、評価をする

相続人の確認……基礎控除がわかる

最初に、相続人を確認し、家系図を作成します。相続人の確認をすることで、「相続税の基礎控除」が算出できます。基礎控除の確認は「相続プラン」の提案の前提条件となります。

「相続税の基礎控除」は3000万円で相続人1人につき600万円加算しますので2人なら4200万円となります。財産の総額が「基礎控除」を超える場合は、節税対策の検討が必要になります。

超えない場合は節税対策は不要ですが、もめない対策が必要です。

財産の確認、現地調査、評価

不動産は、名寄せ帳、固定資産税納税通知、固定資産税評価証明書などの書類で土地と建物の所在地や面積などを確認します。共有者がある場合は、登記簿謄本で共有の割合を確認するようにします。

預金は通帳の残高を確認します。株式は証券会社の預かり証、保険は保険証券で確認するようにします。

同族会社の株や法人への貸付金がある場合も、評価をして財産に加えます。アパートや住宅のローンなどの負債は、金融機関の返済表などの明細で確認します。

不動産、動産、負債を確認したあと、財産評価をします。不動産については面積や利用状況により評価が変わるため、できるだけ現地調査をし、簡易測量もし、利用状況を確認します。

プラス財産からマイナス財産を引き、基礎控除を引いた課税財産を算出して、相続税の予想額を計算します。

さらに不動産の共有、担保設定、連帯保証など、課題を整理します。

[相続プラン]のサンプルより

相続財産評価額【現状での評価】

項目			評価額	構成比
資産	土地	自宅	6,000 万円	15.0%
		アパート	5,000 万円	12.5%
		駐車場	10,000 万円	25.0%
			万円	0.0%
			万円	0.0%
			万円	0.0%
		差 引	21,000 万円	52.5%
	建物	自宅	500 万円	1.3%
		アパート	1,500 万円	3.8%
			万円	0.0%
			万円	0.0%
			万円	0.0%
		計	2,000 万円	5.0%
	現金・預貯金		16,500 万円	41.3%
	有価証券		500 万円	1.2%
	その他		0 万円	0.0%
	生命保険 (0 - 500 × 3人)		0 万円	0.0%
	(Ⅰ)資産合計		40,000 万円	100.0%
負債	借入金		万円	
	(Ⅱ)負債合計		0 万円	
(Ⅰ)-(Ⅱ)純資産価格			40,000 万円	

■家族構成…配偶者・子ども2人

基礎控除額	48,000,000円
課税遺産総額	352,000,000円
相続税額	92,200,000円

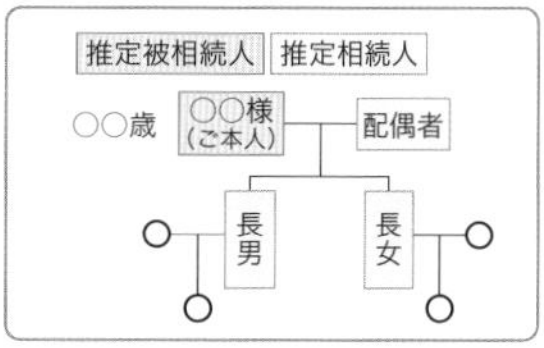

財産構成グラフ

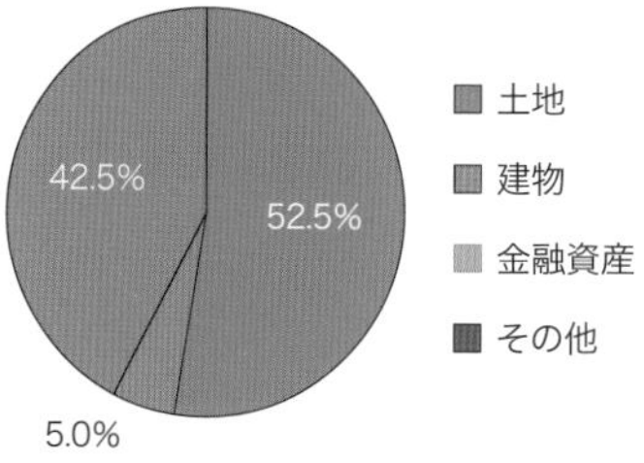

相続税予想額　92,200,000円

※相続時、特例を利用し、相続税を減額することは可能です。

①小規模宅地等の特例
（自宅や賃貸住宅用地について、一定面積まで評価減）
②配偶者の税額軽減
（相続財産の1/2以下もしくは1億6000万円まで非課税）

経済面の対策
積極的な節税対策をする

相続税がかかることがわかれば、次は節税対策をしたいということになります。節税対策の方法はいくつもありますが、個々の事情に合わせたオーダーメードの提案が必要になります。主な生前対策となるのは、「不動産」と「現金」を活用した対策であり、「財産を減らす対策」の贈与や「評価を下げる対策」の購入、資産組替、土地活用などの不動産対策だと言えます。

主な不動産対策は下記の内容です。

【贈与】配偶者の特例を利用する……自宅の贈与は2110万円まで無税
【贈与】現金、不動産を贈与する……生前に財産の前渡しをする
【建物】現金を建物に替える……建物評価は半分以下になる
【購入】現金で不動産を購入する……不動産で評価を下げる
【組替】土地を売却、賃貸不動産に買い替える……立地や形を変えて事業を継続する
【活用】土地に賃貸住宅を建てて賃貸事業をする……確実に節税できる
【法人】賃貸経営の会社をつくる……現金の資産増を回避する

不動産の他に生命保険に加入しておくと、死亡保険に対し法定相続人1人につき500万円が非課となるので、確実な節税対策となります。

相続人が増えれば基礎控除が増えるので、養子縁組で相続人を増やすことも対策の一つです。養子縁組をすることで基礎控除が1人600万円増え、相続税を計算する税率が下がることもあり節税効果が見込めます。ただし実子がいる場合は1人まで、実子がいない場合は2人まで法定相続人として基礎控除が増やせます。孫や嫁と養子縁組をすることが一般的ですが、あとで相続人間の感情的な問題にもなるため、事前に同意を得ておくようにするなど配慮が必要でしょう。

不動産を活用してできる対策は多い

不動産を活用して節税できます

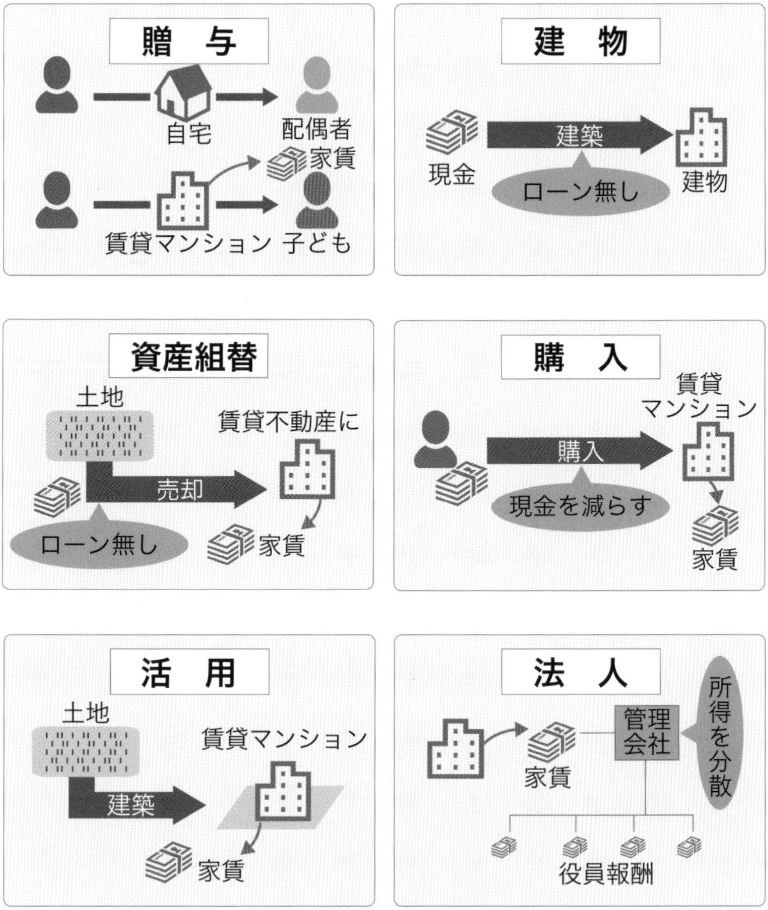

組み合わせで節税効果を高める

[相続プラン]のサンプルより

【経済面の対策】と【感情面の対策】の検討項目

経済面の対策

相続税の節税対策

・金融資産・不動産対策（建物/購入/資産組替/活用/法人/生命保険）

・贈与（現金/不動産）　・養子縁組

制度適用等の検証

・地積規模の大きな宅地の評価　・小規模宅地等の特例

・配偶者の税額軽減　・納税猶予

感情面の対策

円満な分割案　**遺言書の作成**　**民事信託契約**

不動産・現金を活用した生前対策【購入】

現金で賃貸不動産を購入すると時価評価の30%程度になる

購入 → 賃貸不動産

【評価の仕方】

建物（時価）7,500万円	→	固定資産税評価（40%）3,000万円	×	貸家評価（70%）2,100万円	=	5,400万円の評価減
土地【時価】2,500万円	→	路線価評価※（80%）2,000万円	×	貸家建付地評価（76%）1,520万円	=	980万円の評価減

※借地権80%の場合

【提案する対策の節税効果】

購入額=活用する現金 1億5,000万円 → 評価→購入額の30% 4,500万円（30%） → **評価減 1億0500万円**

[相続プラン]のサンプルより

不動産・現金を活用した生前対策【資産組替】

不動産を売却し、同額で賃貸不動産を購入した場合、賃貸不動産の評価は時価の30%程度になる

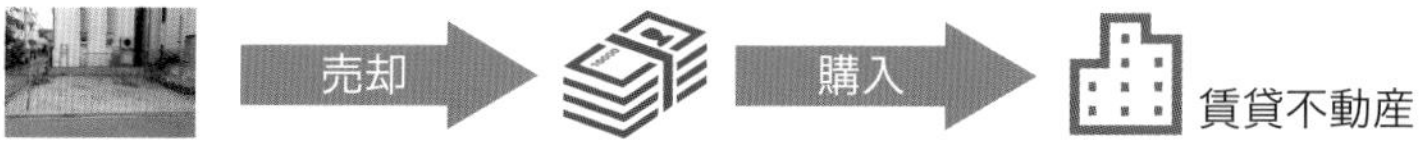

【評価の仕方】

駐車場			賃貸物件			
評価額 1億円	売却価格 1億円	→	購入価額 1億円	評価額 3,000万円	→	300万円 収入UP
収入100万円			収入400万円			

【提案する対策の節税効果】

評価額	1億円	→	3,000万円(30%)	→	7,000万円評価減(70%)
収入	100万円	→	400万円	→	300万円収入UP!

不動産・現金を活用した生前対策【生命保険】

【生命保険金の非課税枠の活用】

推定被相続人が契約者(保険料負担者)であり、かつ被保険者である死亡保険金には、500万円×法定相続人数の非課税枠があります。

法定相続人が3名の場合、500万円×3名で1,500万円の非課税枠が活用できます。

また、納税資金や分割対策などに活用できます。

現状 0万円	非課税枠 残 1,500万円

※一時払い1,500万円の生命保険に加入した場合、→ 評価減 15,000,000円

【525万円の節税】

[相続プラン]のサンプルより

節税対策のイメージ

項目			評価額	構成比
資産	土地	自宅	6,000 万円	24.3%
		アパート	5,000 万円	20.2%
		貸家建付地(79%)	7,900 万円	31.9%
		自宅(小規模宅地)	-3,960 万円	-16.0%
			万円	0.0%
			万円	0.0%
		差　引	14,940 万円	60.4%
	建物	自宅	500 万円	2.0%
		アパート	1,500 万円	6.1%
		マンション(1億円借入)	2,800 万円	11.3%
		購入(1.5億円)	4,500 万円	18.2%
			万円	0.0%
		計	9,300 万円	37.6%
	現金・預貯金		0 万円	0.0%
	有価証券		500 万円	2.0%
	その他		0 万円	0.0%
	生命保険	(1,500 - 500 × 3人)	0 万円	0.0%
	(Ⅰ)資産合計		24,740 万円	100.0%
負債	借入金		10,000 万円	
	(Ⅱ)負債合計		10,000 万円	
(Ⅰ)ー(Ⅱ)純資産価格			**14,740 万円**	

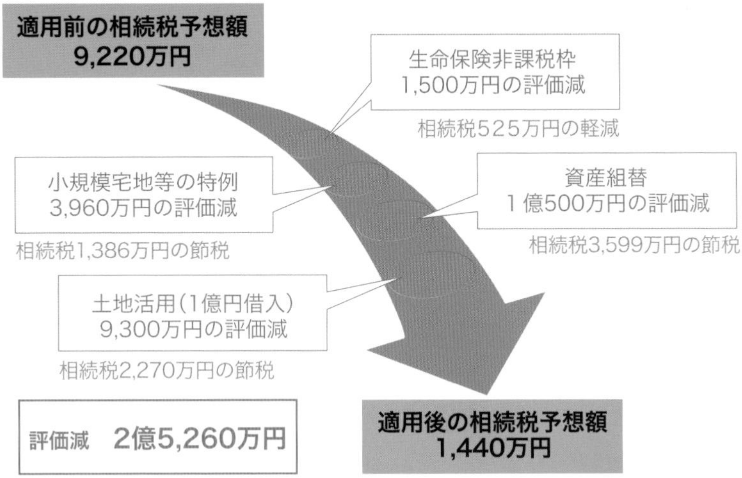

※配偶者控除の特例は含めていません

[相続プラン]のサンプルより

対策後の成果の検証

相続力

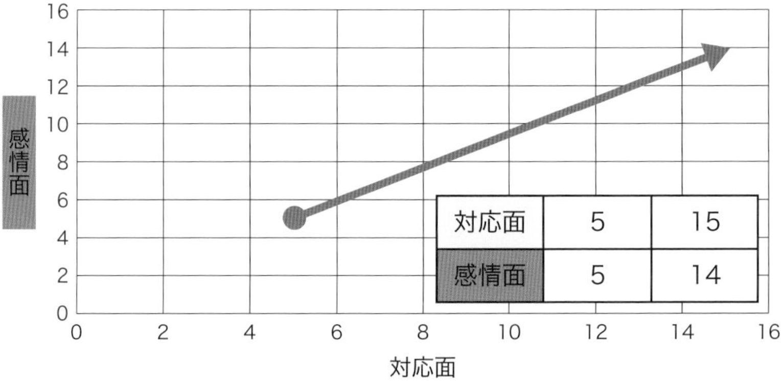

対応面	5	15
感情面	5	14

【経済面】納税額　相続税84%減！

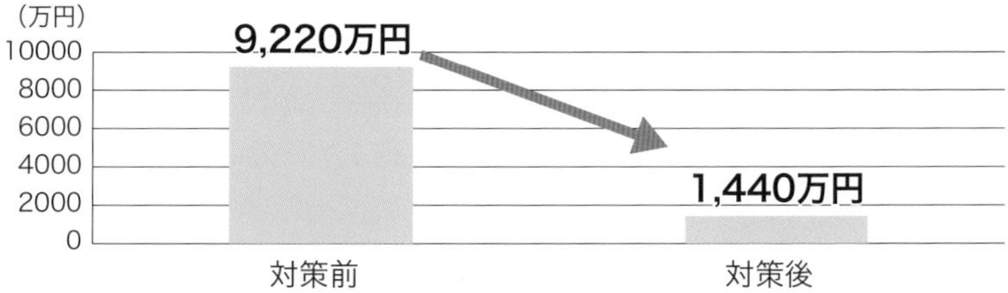

【収益面】収入　対策後は収入8倍！

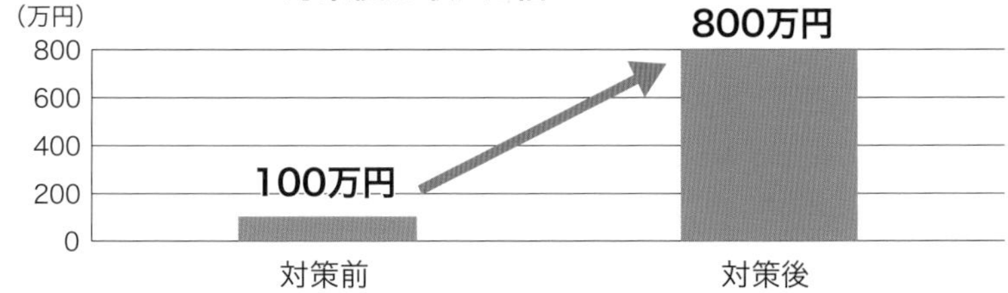

※倍率表記は、「対策前」が「0」の場合は、「1」として計算しています。

感情面の対策
分け方を考える、分けられるようにする

財産の多い少ないにかかわらず、相続になれば財産を引き継ぐ手続きをしなければなりません。ところが、相続になっても遺産分割の話し合いが付かないばかりに、実質的な遺産分割ができず、何年も不動産の名義が亡くなった方のままになっていて困っているというご相談が絶えません。遺言書がないために相続人で分割協議をしなければいけないところ諸事情で頓挫しているようです。

財産の分け方は財産を持っている本人が決めて、生前に伝えておき、合意を得ておくことができればもめる要素はないと言えるでしょう。親の立場では「子どもたちは仲が悪くないのでもめるはずがない」と思っている方が多いのですが、いざ相続になると今まで仲良くしてきた兄弟姉妹がもめているのです。そうならないためには生前に親の意思で財産の分け方を決めて、子どもたちに伝えておくことが必要だと思ってください。

事情は個々に違いますが、いくつかの共通項をまとめると、複数の相続人がいるのに不動産は自宅1カ所で分けられない場合や、賃貸物件で収入があるものと自宅のように収入がないもので価値が違うため分けられないことが多いようです。不動産を共有して決めてしまうこともよくあるケースですが、将来的に問題に発展することもあり、お勧めではないことがあります。

不動産1カ所では物理的に分けられないことのほうが多いため、相続で分けられるようにしておくことが大切です。例えば、特定の相続人に不動産を相続させるならば、他の相続人にはそれに見合う金融資産を用意することでバランスを取ります。中には、遺言書で不動産を売却して分けるようにしている方もあります。不動産の数がある場合でも、誰がどこを相続するかを指定しておかないと話し合いがまとまらないこともあります。節税するよりも分けられることが大事だと言えますので、やはり用意が必要です。もめてしまえば節税もできないことになります。

分割案の検討

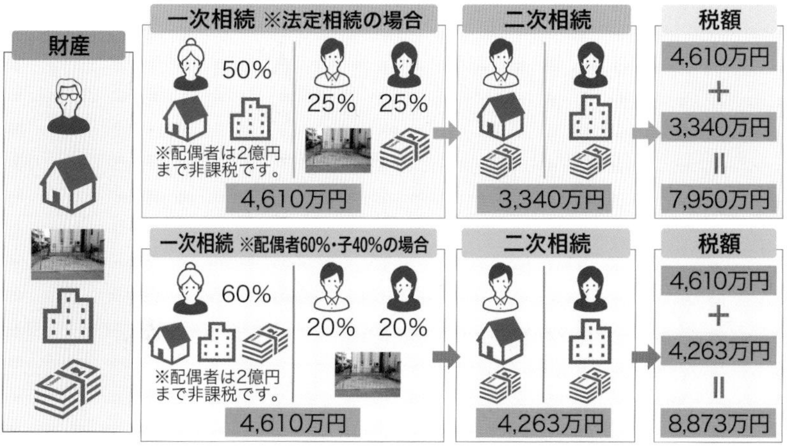

分割案のご提案

相続財産		妻	長男	長女
ご自宅 賃貸物件 駐車場 金融資産		ご自宅 駐車場 金融資産	賃貸物件	金融資産
相続税評価額合計	4億円（100%）	2億円（50%）	1億円（25%）	1億円（25%）
法定相続分（相続税評価）		2億円（50%）	1億円（25%）	1億円（25%）
遺留分（相続税評価）		1億円	5,000万円	5,000万円
相続税	4,610万円	4,610万円→0円	2,305万円	2,305万円
不動産収入	460万円／年	60万円／年	400万円／年	―

感情面の対策
分け方を決めて遺言書を作る

次の世代に相続してもらうための分け方を指定しておくことは大切です。意思表示もなく、後の者が何とかするだろうというのでは、うまくいくはずがありません。決めた後は意思を伝えておかなければ、残された人に迷いや欲を持たせるものです。遺産分割の具体的な方法を決めていないばかりに、形として残った不動産や金融資産の分け方で親族がもめるとすれば、相続の価値は半減することになります。相続人が迷わず、争わないための羅針盤になる「遺言書」を作成し、自分の意思を明確にして残しておくことが必要で、公正証書遺言が安心です。

遺言書は財産の分け方だけでなく、感謝の気持ちやメッセージを綴ることもできます。残された人達を思いやる愛情に溢れたものであれば、感情的な部分で救われ、前向きに受け入れてもらえるはずです。意思を残すことで、家族に有形、無形の財産を残せば、相続の価値があると言えます。

相続の手続きは相続人全員で進めますが、窓口となる代表者を選任しておくことも大切です。相続ではその家庭の事情があからさまに表に出てきますので、財産のことで争わないような家庭を作っておく、日頃から物よりも大事なものがあることを教えておくことが理想ですが、これが簡単なことなら誰も苦労はしません。相続人は時を経て、次は自分の相続人へ渡す立場です。親の代でもめたところはまた次もとなりかねません。マイナスのDNAは残さないことも財産になります。

【もめない遺言書作りのポイント】

●オープンな遺言書作り

「公正証書遺言」がお勧め→公証役場との打ち合わせ

証人2人は相続実務士が担当→立ち会い、署名いたします

●もめない遺言書作り

原稿作りをアドバイス、サポートいたします

●配慮のある遺言書作り

「付言事項」を活用、ご家族に伝わるメッセージを残していただきます

分割案のご提案

「証人業務」を受けてサポート

- 公証役場との打ち合わせを代行いたします。
- 原稿の確認、アドバイスをいたします。
- 遺留分を侵害しないよう配慮いたします。
- 付言事項を活用してお気持ちや意思を明確にし、争いのない内容をお勧めします。

遺言の作成が必要な方

- 相続のときに争ってほしくない場合
- 特定の人に特定の財産を残したい場合
- 家族関係が複雑であったり不仲、音信不通の場合
- 夫婦の間にお子様がいない場合

公正証書遺言作成の手順

無料相談
意思決定 ▶ 財産内容と
必要書類
分割案の確認 ▶ 公証人との
原案の作成 ▶ 内容を確認
了承後に
作成日程の調整 ▶ 公正証書
遺言の作成

争いにならないための遺言書作成ポイント

- こっそり作らない
- 財産分与は公平にするのが無難
- 公平な財産分与にならないときは理由を明記する
- 財産内容だけでなく気持ちも遺す

▶ 争いに発展させずに
意思を伝えることをめざす

Case study 11 アパートが老朽化。母親の対策が必要な Aさん

ご家族の状況

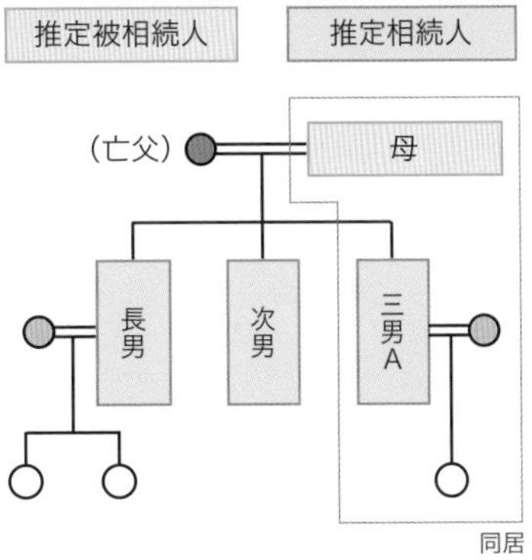

母親（80代）
　三男Aと同居
長男（50代）
　他県在住　アパートの持ち分あり。
　既婚。子ども２人
次男（50代）
　アパートの一室にて居住。独身。将来が心配される。
三男A（40代）
　ご相談者（お母様の相続のご相談）妻と子ども1人

相談内容

母親と同居するＡさんが相談に来られました。母親が80代の後半になり、相続対策をしてもらうのにどうすればいいか迷っているということです。

母親は父親から相続した自宅と、他にアパートと駐車場を所有しています。父親が亡くなった時に大部分は母親が相続しましたが、不動産は共有にしました。自宅は三男と、アパートと駐車場は母と長男・次男が共有しています。

母親の相続で、不動産の共有が問題にならないか、次はどうすればいいか、アドバイスをしてもらいたいということです。

また、アパートは築40年近くなり、8戸のうち2戸は空室となっています。このアパートも管理を依頼している不動産会社から建て替えを勧められていることもあり、どうすればいいか、ということでした。

[財産評価0.9億円]

経済面	①相続税がどのぐらいかかるか？ ②アパートが母親、長男、次男と３人共有 どうすればいいか？ ③アパートが老朽化しており、不動産会社から建て替えを勧められている
感情面	①次男が独身。将来は近くにいる自分がサポートする心積もりはしているが不安 ②長男とは住まいが離れているので母親の介護などは頼れないし、そのことでもめたくない
不動産	①築年数が古く耐震性の問題やメンテナンス費用がかかる ②アパートと駐車場は長男、次男と共有 満室稼働にならない(2部屋使用貸借) ③自宅は三男Aと共有
分割	①それぞれの評価に差がある ②分割する時に複雑にならないように対策が必要 ③三男A(とご家族)がお母様の介護や次男の生活支援をしていくことになるため分割に差が出る

Case study 11 アパートが老朽化。母親の対策が必要な Aさん

現状分析と課題

○現状の財産

項目			評価額	構成比
資産	土地	自宅	2,310 万円	27.1%
		駐車場	773 万円	9.1%
		アパート	3,280 万円	38.5%
			0 万円	0.0%
			万円	0.0%
			万円	0.0%
		計	6,363 万円	74.7%
	建物	自宅	210 万円	2.5%
		アパート	417 万円	4.9%
			万円	0.0%
			万円	0.0%
			万円	0.0%
		計	627 万円	7.4%
	現金・預貯金		1,500 万円	17.6%
	有価証券		30 万円	0.3%
	その他		0 万円	0.0%
	生命保険　（　1,500　－　500　×　4人　）		0 万円	0.0%
	（Ⅰ）資産合計		8,520 万円	100.0%
負債	借入金		0 万円	
	（Ⅱ）負債合計		0 万円	
（Ⅰ）ー（Ⅱ）純資産価格			**8,520 万円**	

財産構成グラフ

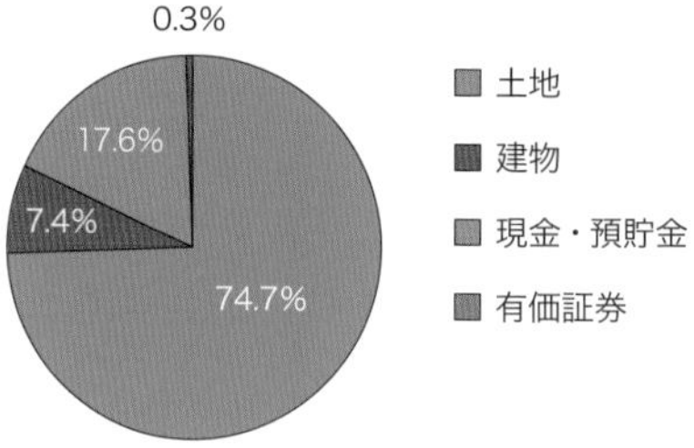

基礎控除額	48,000,000円
課税遺産総額	37,200,000円
相続税額	4,080,000円

相続税予想額　408万円

［財産評価0.9億円］

○課題

不動産が共有となっているため、相続では共有する子どもに母親の持ち分を相続させる配慮が必要です。アパートの建物は築年数が経ち、これから維持費がかかるため、建て替えを検討する時期です。

遺産分割については、不動産の評価に差があり平等にならないため、母親の意思で決めておき、争いにならないよう遺言書が必須となります。また、高齢になる母親や独身の次男の生活支援は同居する三男が担当する役割のため、寄与分として遺産分割に反映させる配慮があったほうがいいでしょう。

○アパートの現状

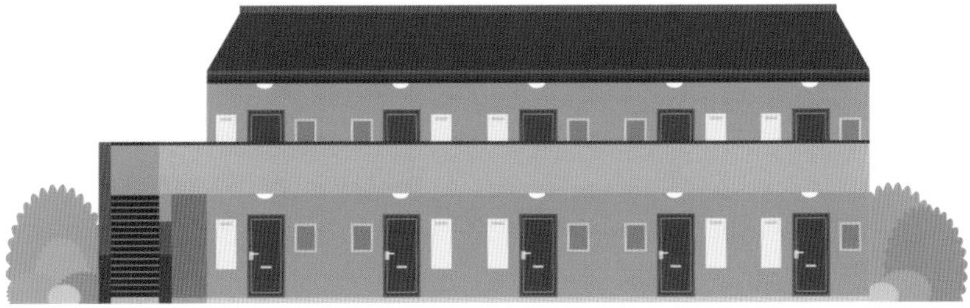

【現状】
・築年数が古い
・満室稼働にならない
・兄弟で共有

⇒

【現状の収支バランス】
賃貸アパート・外貸し駐車場
年間約400万円
利回り 3.2%
（2部屋使用貸借
リフォーム1室70万円）

Case study 11

アパートが老朽化。母親の対策が必要な Aさん

相続対策の提案　1

いちばんの課題となるアパートについて、これからの対策の比較をしました。

対策のまとめ

対策	プラン1 建替 (アパート 2棟)	プラン2 建替 (戸建賃貸 4棟)	プラン3 建替 (ガレージハウス 1棟)	プラン4 売却&組替 (区分マンション 複数室)
収支/年	474万円	155万円	483万円	400万円
メリット	・相続税0円 ・新築の建物 ・賃料が上がる ・分割しやすい	・相続税0円 ・新築の建物 ・賃料が上がる ・分割しやすい	・相続税0円 ・新築の建物 ・賃料が上がる ・特色のある建物	・相続税0円 ・エリア分散になる ・分割しやすい
デメリット	・借入金1億円 ・建物に特徴はあまりない	・借入金7,500万円 ・戸数が少ないため一室でも空室になると借入返済があるためマイナスになる	・借入金1億円 ・分割ができないので代償金などの用意が必要	・土地を手放すことになる

建替えによる検証

	相続税予想額	収入 年間手残り金	収入 10年後の累計
建替前	593万円	300万円 (ヒアリングによる概算)	3,000万円
		+100万円超	+1,000万円超
建替後	0万円	483万円	4,830万円

年間手残り300万円ですが、アパートの修繕費等が発生する年もあり支出が増え、現状のままだと相続税もかかります。

［財産評価0.9億円］

建て替え（2棟賃貸アパート）の場合　プラン1

【賃貸住宅】
木造2階建て×2棟（延床面積約300㎡）
住戸8戸（各4戸×2）10万円／月
駐車場8台 2万円／月

総事業費 1億円（外構費込）

イメージ図

・建築事業費1坪当たり90万円想定

【収支】

	月額	年間
満室想定賃料収入	96万円	1,152万円
借入返済額 借入金額1億円 借入期間18年/借入金利1%想定	50万円	600万円
固定資産税	―	78万円
差引収支	46万円	474万円

検証結果
相続時に分けやすくするため、分筆し2棟建築する

予想相続税額
0円

建て替え（戸建賃貸）の場合　プラン2

【賃貸住宅】
木造2階建て（延床面積65㎡）×4棟
住戸4戸（駐車場台付）14万円／月

総事業費 7,500万円（外構費込）

イメージ図

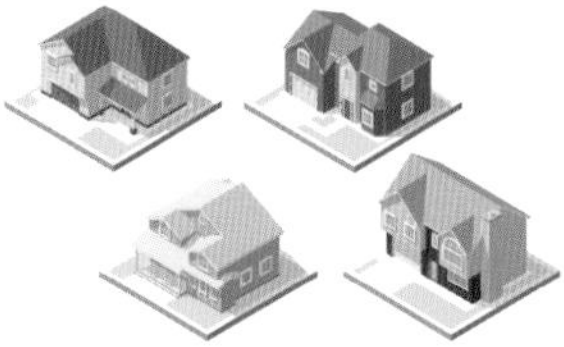

・建築事業費1坪当たり87万円想定

【収支】

	月額	年間
満室想定賃料収入	56万円	672万円
借入返済額 借入金額7,500万円 借入期間18年/借入金利1%想定	38万円	456万円
固定資産税	―	61万円
差引収支	18万円	155万円

検証結果
相続時に分けやすい、戸数が少ないため空室リスクがある

予想相続税額
0円

Case study 11 アパートが老朽化。母親の対策が必要な Aさん

相続対策の提案　2

アパートの相続を複雑にしないために、所有割合が多いAさんが長男の持ち分を買い取ることで共有しない方法を提案しました。

建て替え時に譲り受け共有を解消するようにします。

アパート

【土地】アパート

地積	路線価	評価率	持ち分	評価額
400㎡	20万円	82%	1/2	3,280万円

【建物】アパート

固定資産税評価額	評価率	持ち分	評価額
245万円（4部屋賃貸中）	70%	1/1	172万円
245万円（4部屋空室）	100%	1/1	245万円

合計（土地＋建物）	3,697万円

路線価図

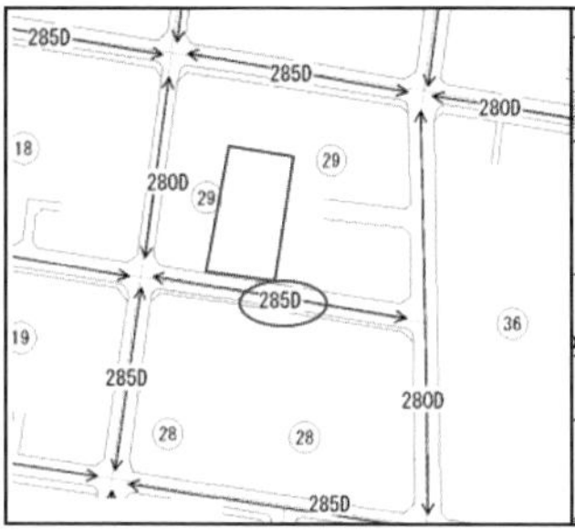

公図

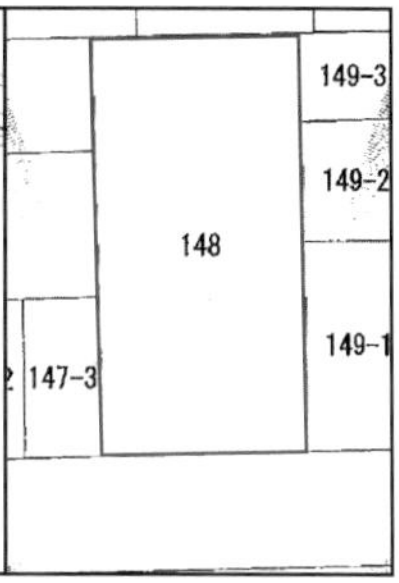

第一種中高層住居専用地域
準防火地域・建蔽率60%・
容積率150%・第二種高度地区

記号	債地権割合
A	90%
B	80%
C	70%
D	60%

記号	債地権割合
E	50%
F	40%
G	30%

［財産評価0.9億円］

相続対策の提案　3

兄弟がもめないように母親には遺言書を作成してもらうことが必須だとお勧めしています。同居するAさんが自宅とアパートを相続、次男には家賃収入がある駐車場を、長男には預金という内容が現実的な遺産分割だと想定されます。

アパートの建て替えを勧めながら、遺言書も作成するようにします。

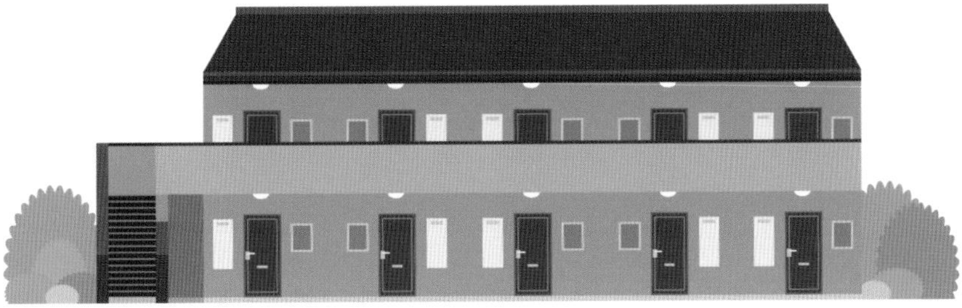

相続実務士®のコメント

Aさんは母親と同居して、不動産の管理もしてこられました。次男（兄）は不動産などに関心がなく、長男（兄）は他県に居住ということで、母親の相続対策はAさんが段取りをして、母親や兄たちに説明をして理解を得ることにしました。母親は80代ですが、自宅で生活されていて元気だとはいえ、やはりアパートの建て替えという大事業となると一人では決断できず。Aさんが動いてあげたことで対策が進み出しました。

いくつかの選択肢の中で比較検討した結果、Aさんが長男（兄）より持ち分を買い取り、母親名義で１棟のアパートを建てるという堅実な案に落ち着きました。アパートを建て替えることにより収益も増え、相続税はかからなくなります。

Case study 12 生命保険など金融資産が82% Bさん

ご家族の状況

相談者　Bさん（女性・50代）

職業　会社員

家族関係

母親（80代）、長女B（相談者）、
次女（50代）、長男（50代）、
長女の子（20代）

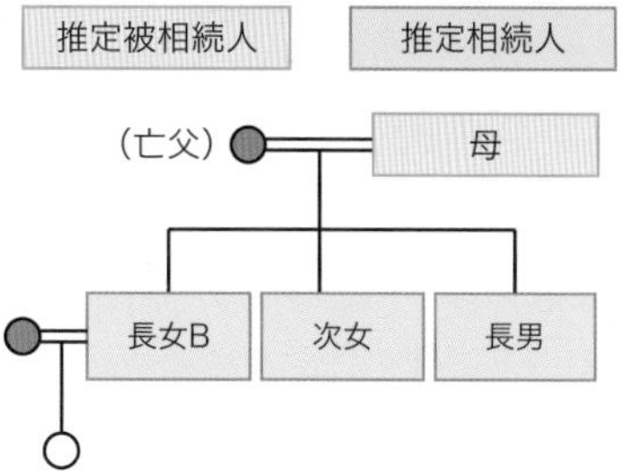

相談内容

シングルマザーのBさんは50代。キャリアウーマンとしてばりばり仕事をしてきました。出張も多く、男性と同様に働いてきたと自負しています。

しかし、今年になり、父親が亡くなったあと一人暮らしをしている母親から連絡が入ることが多くなってきたと言います。妹も弟も、家庭の事情でなかなか実家に行けないようで、長女のBさんを頼りにしたいようです。

年齢的にも相続のことがそろそろ気になり出してきましたので、同居も視野に入れて母親や妹弟と話し合っておきたいと相談に来られました。

◆Bさんが聞きたかったこと

<経済面>①相続税はどれくらいか？
②どのような相続対策をしたらよいか？
③保険の受取人を孫（Bさんの子）にしているが問題ないか？

<感情面>①母親と弟、妹は仲が悪いので不安
②母親は独断で動くことが多いので困っている
③これからどのようなことができるか？

［財産評価1.9億円］

感情面の課題チェック⇒ 不仲、隠し事、寄与、分けにくい…など

■【不仲】家族間ですでに争いを抱えていたり、疎遠・対立している

■【主張】遺産分割につき、個々の主張が違う

□【寄与】介護や事業に貢献してくれた相続人に多く分けたい

■【不動産】不動産が分けられない、または分けにくい

□【生前贈与】贈与した財産があるが全員に知らせていない

■分割案（家族で争うこと防止）

■遺言書（家族で争うこと防止）

■民事信託（認知症対策）

経済面の課題チェック⇒ 相続税、不動産、金融資産…など

□【財産確認】財産がどれぐらいあるか確認できていない

■【生前対策】これといった生前対策はしていない

□【預金】他の財産に比べて預金が少ない

■【名義預金、保険】自分が契約した家族名義の預金や保険がある

□【不動産の整理】問題を抱えた不動産がある（境界、共有名義等）

□【土地の有効活用】遊休地がある

□【納税】納税するための現金はない

□【売却】土地を売却しないと納税できない

■【節税】相続税を節税する余地がある

□【不動産が多い】自宅の他にも不動産がある

■節税対策

□納税対策

Case study 12 生命保険など金融資産が82% Bさん

現状分析と課題

○現状の財産

母親の財産は、不動産は自宅のみ。財産の8割が金融資産で、その8割が生命保険です。相続税の予想額は2337万円で、預貯金でも払える額ですが、預金の大半がなくなってしまいます。

項目			評価額	構成比
資産	土地	自宅	2,998 万円	15.4%
			万円	0.0%
			万円	0.0%
			万円	0.0%
			万円	0.0%
			万円	0.0%
		計	2,998 万円	15.4%
	建物	自宅	487 万円	2.5%
			万円	0.0%
			万円	0.0%
			万円	0.0%
			万円	0.0%
		計	487 万円	2.5%
	現金・預貯金		3,500 万円	18.0%
	有価証券		万円	0.0%
	その他		万円	0.0%
	生命保険	(14,000 − 500 × 3人)	12,500 万円	64.1%
	(Ⅰ)資産合計		19,485 万円	100.0%
負債	借入金		万円	
	(Ⅱ)負債合計		0 万円	
(Ⅰ)−(Ⅱ)純資産価格			19,485 万円	

財産構成グラフ

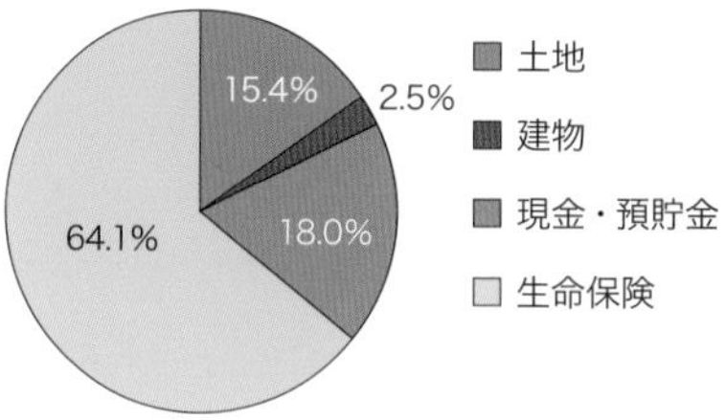

■家族構成…子ども3人

基礎控除額	48,000,000円
課税遺産総額	146,850,000円
相続税額	23,370,000円

相続税予想額　2,337万円

［財産評価1.9億円］

○課題

生命保険に１億4000万円も払い済みとしており、相続税がかかる要因となっています。生命保険の非課税枠は1500万円しかなく、それを超えた生命保険は預金と同様に課税されてしまいます。これでは節税対策はほとんど何もされていないということになります。

また、現在の生命保険の受取人は、Ｂさんの息子になっています。相続人以外の孫の場合、相続税は２割増しとなり、より多く払わなくてはなりません。

母の現状			
相続税予想額	2,337万円	金融資産	1億6,000万円
		金融資産の占める割合	82%

相続税	・基礎控除額を上回っているため、相続税の申告が必要 ・現在の金融資産での納税可能 ・節税対策を行うことで大幅に節税可能
生命保険の受取人の整理	・生命保険の受取人が孫になっている。 ・孫が引き継ぐ場合には特例を使えない。 相続税が1.2倍になり負担増 ・収益が上がらない。節税にならない。
節税 収益確保	・財産の82%が現預金（流動資産） ⇒資産（流動資産）が目減りする一方 ・資産組替による節税＋安定収入の確保を推奨

Case study 12 生命保険など金融資産が82% Bさん

相続対策の提案　1

生命保険は非課税枠の1500万円とし、受取人はBさんや兄弟姉妹に変更する。

非課税枠が使えるようになり、節税になる。

相続対策の提案　2

1500万円を超える額は解約し、その資金で区分マンションを購入し、賃貸事業をすることで相続税を減らし、収入を増やすことができる。

借り入れがないため、返済の不安がない対策ができる。

相続対策の方針

特例の適用だけでなく
生前で積極的に行える相続税の節税対策

保険金受取人の変更

保険解約⇒資産組替

確定測量

公正証書遺言の作成

［財産評価1.9億円］

生命保険の整理・活用

【非課税枠の特例】

被相続人が契約者（保険料負担者）であり、かつ被保険者であった死亡保険金を法定相続人が受け取ると500万円×法定相続人数の非課税枠が使えます。

生命保険の非課税枠のイメージ

生命保険の
加入の金額
1億2,500万

3人

契約者・被保険者
母

保険金受取人
法定相続人

生命保険金非課税枠1,500万円

生命保険は受取人固有の財産とされ、通常は遺留分の算定に加入されません。
しかし、法定相続人以外の人が受取人に指定されている場合には非課税枠の活用ができません。

相続人以外が受取人の
場合は課税対象

この部分が非課税枠

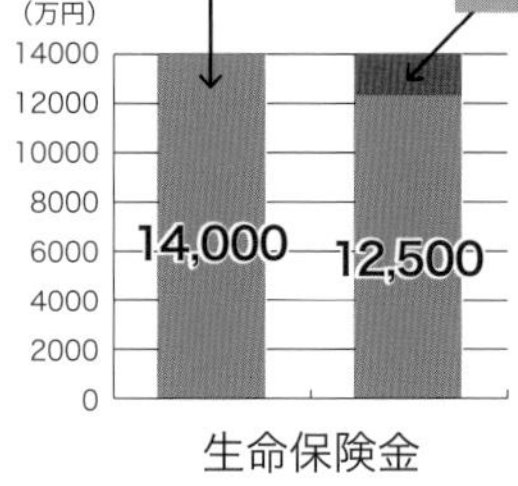

受取人が孫の場合は非課税枠を活用できない上に相続税が1.2倍になるので納税の負担が大きくなってしまいます。

残りの1億1,000万円を保険のままにしておくと節税対策に繋がりません。

Case study 12 生命保険など金融資産が82% Bさん

資産組替による節税対策（節税効果）

生命保険の1億1,000万円を収益の上がる不動産に組み替えた場合

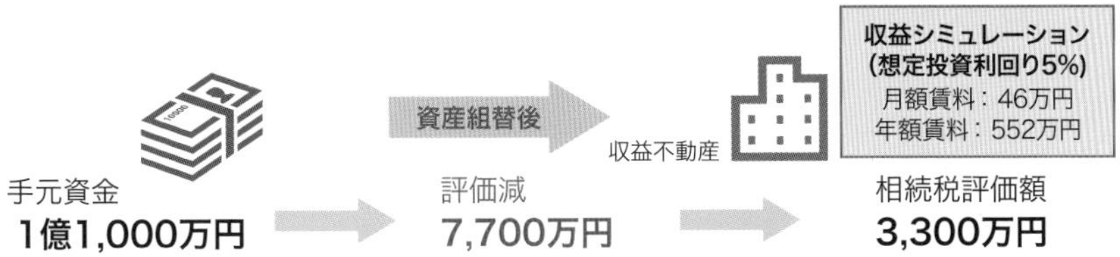

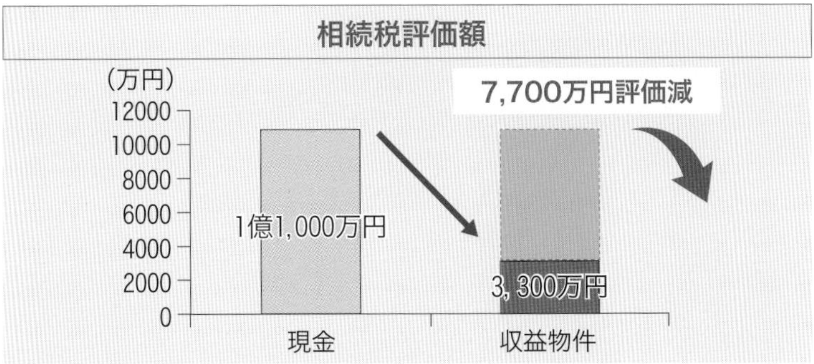

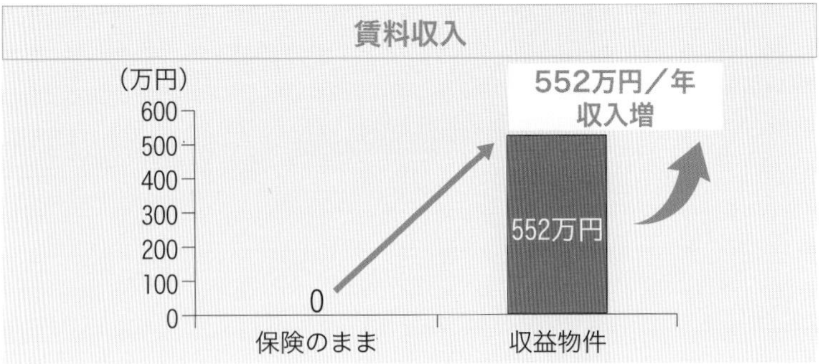

対策前
相続税予想額 2,337万円
→
対策実行後
相続税予想額 897万円

節税額
1,440万円

［財産評価1.9億円］

生前対策を行った場合の節税イメージ

適用前の相続税予想額
2,337万円

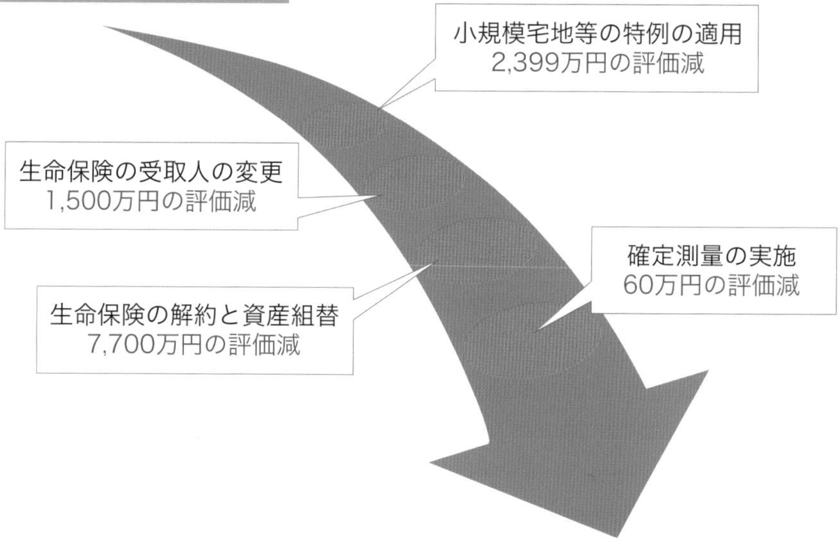

相続税の節税額
2,034万円

適用後の相続税予想額
303万円

相続実務士のコメント®

Bさんは、母親が独断で対策を進めると、生命保険のように偏った内容になるのではと不安に思って相談に来られました。やはり生命保険が多額で非課税枠を超えた額は節税効果がないため、解約して対策することが望ましいという案に共感されました。母親に説明して対策を進めるようにしたいと言って帰られました。

Case study 13 預金が半分超、自宅ビルは築50年 Cさん

ご家族の状況

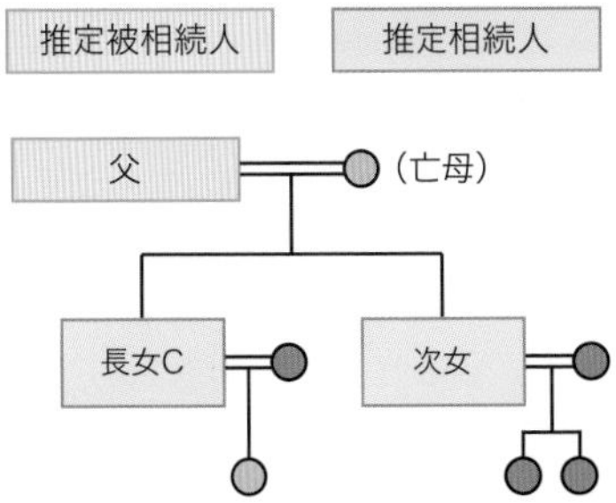

依頼者

Cさん（女性・60代）

職業　公務員

家族関係

父（80代）、長女（相談者）、

次女（60代）

相談内容

Cさんの父は80代。妻を亡くしてから自宅のビルの１室で一人暮らしをしてこられました。子どもは長女のCさんと妹の二人ですが、二人とも20代で嫁ぎ、実家を離れて生活してきました。

最寄り駅から２分という恵まれた立地を生かして、父親が相続税対策として5階建てのビルを建て、最上階に住み、１階から4階は賃貸してきました。築50年近くになり、建築費の借入返済は終わっていますので不安はないものの、相続税が相当かかるのではないかと、姉妹二人で相談に来られたのです。

二人とも実家に戻って住む予定はありません。幸い、父は80代ながらとても元気で、いまだに自宅で一人暮らしができています。しかし、賃貸事業の申告や修繕などの実務的なことは父親では難しくなってきているのが現状です。

◆Cさんが聞きたかったこと

<経済面>①相続税がどのぐらいかかるか

②賃貸事業が継続できるか

<感情面>父親の財産は 姉妹二人で等分にしたいが、現実に可能か？

［財産評価　2.84億円］

感情面の課題チェック⇒ 不仲、隠し事、寄与、分けにくい…など

□【不仲】家族間ですでに争いを抱えていたり、疎遠・対立している

□【主張】遺産分割につき、個々の主張が違う

□【寄与】介護や事業に貢献してくれた相続人に多く分けたい

■【不動産】不動産が分けられない、または分けにくい

□【生前贈与】贈与した財産があるが全員に知らせていない

■分割案（争族防止）

■遺言書（争族防止）

■民事信託（認知症対策）

経済面の課題チェック⇒ 相続税、不動産、金融資産…など

□【財産確認】財産がどれぐらいあるか確認できていない

■【生前対策】これといった生前対策はしていない

□【預金】他の財産に比べて預金が少ない

□【名義預金、保険】自分が契約した家族名義の預金や保険がある

■【不動産の整理】問題を抱えた不動産がある（境界、共有名義等）

□【土地の有効活用】遊休地がある

□【納税】納税するための現金はない

□【売却】土地を売却しないと納税できない

■【節税】相続税を節税する余地がある

□【不動産が多い】自宅の他にも不動産がある

■節税対策

□納税対策

Case study 13 預金が半分超、自宅ビルは築50年 Cさん

【現状分析と課題】

○現状の財産

自宅がビルになっており、約1億円。預貯金と生命保険で2億円近くあり、相続税の予想額は6262万円と算出されました。

項目			評価額	構成比
資産	土地	ビル(自宅部分)	1,528 万円	5.2%
		ビル(賃貸部分)	6,038 万円	20.4%
			万円	0.0%
			万円	0.0%
			万円	0.0%
			万円	0.0%
		計	7,566 万円	25.5%
	建物	ビル(自宅部分)	515 万円	1.7%
		ビル(賃貸部分)	1,803 万円	6.1%
			万円	0.0%
			万円	0.0%
			万円	0.0%
		計	2,318 万円	7.8%
	現金・預貯金		15,711 万円	53.0%
	有価証券		223 万円	0.7%
	その他		万円	0.0%
	生命保険	(4,848 − 500 × 2人)	3,848 万円	13.0%
	(Ⅰ)資産合計		29,666 万円	100.0%
負債	借入金		1,312 万円	
	(Ⅱ)負債合計		1,312 万円	
(Ⅰ)−(Ⅱ)純資産価格			28,354 万円	

財産構成グラフ

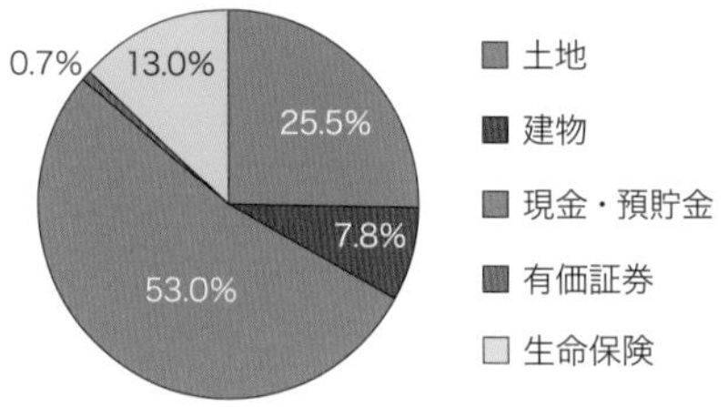

■家族構成…子ども2人

基礎控除額	42,000,000円
課税遺産総額	241,540,000円
相続税額	62,620,000円

相続税予想額　6,262万円

［財産評価　2.84億円］

○課題

金融資産の割合が多く相続税が高くなっています。

金融資産があるので納税できますが、預金の半分近くが減ってしまうので残念。

節税対策が必要と言えます。

さらに、相続人は二人なのに不動産が1つという状況で、分けにくいことがいちばんの課題です。

Cさんの父親の現状			
相続税予想額	**6,262万円**	現預貯金	**1億5,711万円**
年間収入	**900万円**	現金以外の金融資産	**4,071万円**

対策の方針

納税・節税	・現在の金融資産で納税はできますが、手元に残る金融資産が3分の1減ります。併せて、節税対策が必要となります。
分割の検証	・金融資産が多いので分割は容易に思われますが、不動産の評価の仕方や収入面で差が出ますので、その検証が必要となります。

Case study 13

預金が半分超、自宅ビルは築50年　Cさん

相続対策の提案

○不動産の分割の検証1　土地を残す場合

分けにくい不動産が課題となっているため、次に上げる3つの分割方法を検証しました。

①土地を2つに分筆し、土地ごと分ける。
　建物は解体する必要あり。
②共有で一つの不動産を所有する。
　新しく建て直した場合も共有していくことになる。
③一人が不動産を相続し、代償金を払って分ける。
　代償金の額が大きくなるが、それぞれの所有には問題がなくなる。

分割の方法の比較

土地を分筆して分ける

土地を均等に分けることが可能ですが、二筆に均等割りで分筆してしまうと、建築できない土地になり、資産価値をなくしてしまうのと同然ですので、お勧めできません。

共有で不動産を所有

共有名義にすることで、平等に分けることが可能ですが、将来、相続が発生すると共有者の相続人との分割協議になりますので、権利関係が複雑になります。また、売却する際に共有者の承諾が必要ですので、お勧めできません。

代償金・金融資産で調整

不動産の評価の仕方にもよりますが、どちらかにビルを寄せても、調整することは可能です。しかし、経済面ではビルは年間1,000万円を超える収入があるので、経済面で不平等が生じます。

［財産評価　2.84億円］

○不動産の分割の検証2　ビルを売却する場合

現状では分けにくいため、売却することを検討、提案しました。

自宅は新たに取得して、住み替えし、賃貸事業を継続するための区分マンションを購入する案です。将来の相続を想定して、２人で分けやすい数を購入するようにします。

2億5,000万円で売却した場合

対象地：宅地	
地積	210.00㎡(63.53坪)
相続税評価	9,900万円
固定資産税	850,000円(年)

【諸経費】

①仲介手数料	816万円
②収入印紙代	6万円
③測量費用	100万円
④譲渡所得税	3,661万円
計	4,583万円

【④譲渡所得税の計算】

25,000万円から下記を差し引いた額(**19,828万円**)

6,000万円以下　譲渡所得税10.21%　住民税4%

13,828万円(6,000万円以上)　譲渡所得税15.315%　住民税5%

・取得費　1,250万円(25,000万円の5%)
・①仲介手数料　816万円
・②収入印紙代　6万円
・③測量費用　100万円
・④マイホーム控除　3,000万円

2億5,000万円で売却した場合　**手残り　2億400万円**

マンションデベロッパー業者による買取りを想定。なお、購入者による整地費用・解体費の負担、及び詳細な現地調査によって査定額が変動する場合がございますのであらかじめご了承ください。

Case study 13

預金が半分超、自宅ビルは築50年 Cさん

売却金と手元現金で資産組替した場合【自宅マンション購入＋組替の効果の検証】

収支シミュレーション想定
(想定投資利回り5%)
月額賃料：1,167,000円
年額賃料：14,000,000円

自宅マンション
価格4,000万円を想定。

手元資金
3億2,000万円

評価減
2億2,400万円

相続税評価額
9,600万円

相続税評価額

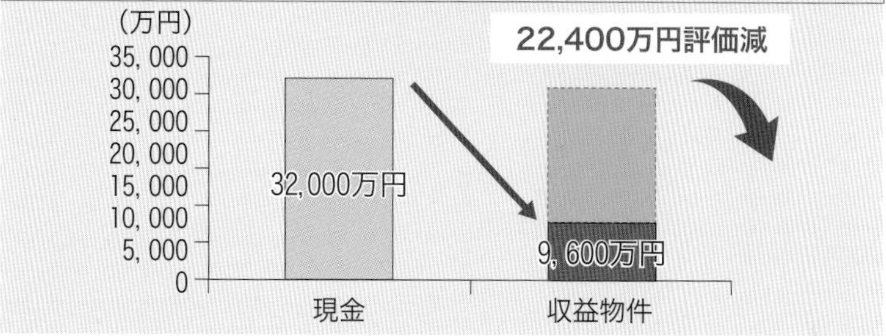

賃料収入

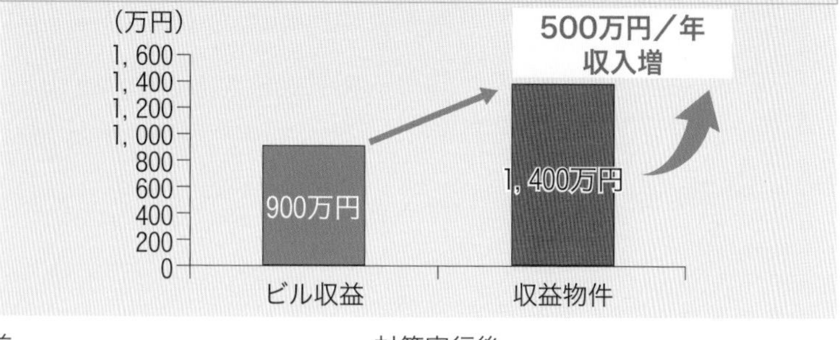

対策前
相続税予想額 6,262万円

対策実行後
相続税予想額 2,286万円

節税額
3,976万円

［財産評価　2.84億円］

【総論】各プラン比較表

施策	現状	現金組替＋贈与	ビル売却＋組替＋贈与	ビル RC造12階建	1.5億借入＋組替＋贈与
予想税額	6,260万円	1,650万円	480万円	0円	0円
投下資金	0円	0円	0円	69,000万円	15,000万円
年間収入	900万円	1,600万円	1,400万円	4,200万円	2,400万円
手残り額	600万円	1,300万円	1,000万円	550万円	1,900万円
手残り額（5年後）	3,000万円	6,500万円	5,000万円	2,750万円	9,500万円
節税	×	○	○	◎	◎
収益	○	○	○	△	◎
分割	△	○	◎	×	◎

節税・将来の収益の確保・分割のしやすさ、さらに実勢価格で売却する際の価値がほぼ同等になるという点で、「借入・資産組替・贈与」プランが優れたプランです。

相続実務士®のコメント

Cさん姉妹は２人一緒にセミナーに参加して、個別相談を利用されました。父の住むビルは最寄り駅に近く、恵まれた立地にあり、建物を建て直して維持していくことも選択肢の一つですが、「相続」を考えるとどうしても分けにくい財産です。どちらかが同居しているならば一人の所有が近道ですが、Cさん姉妹は二人とも同居していません。そこで相続まで待つのではなく、父が元気なうちに売却をして、資産組替する方法の優先度が高くなりました。しかし、やはり借入をすることにどうしても抵抗があり、売却金に手元資金を合わせるプランを選ばれました。

資産組替して区分マンションに買い替えていくことで土地が小さくなり、借り入れのない節税対策が実現しました。

Case study 14　土地が約90%、活用しきれないDさん

ご家族の状況

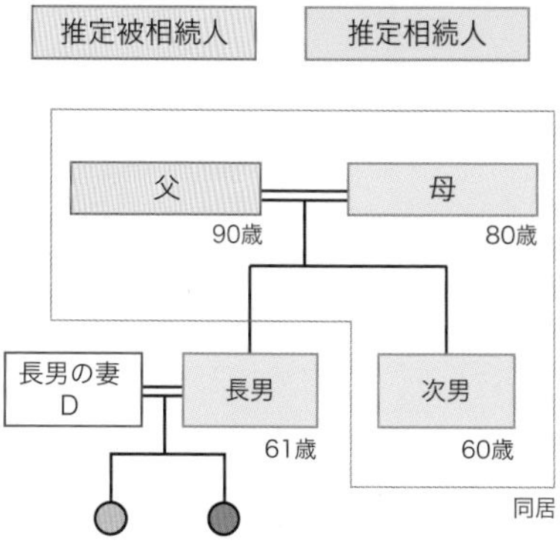

父親　90代 農家

母親　80代 専業主婦

長男　60代 会社員　相談者の夫

妻Dさん50代・相談者

　専業主婦　子ども２人

次男　60代　独身　会社員

相談内容

Dさんは農家の長男に嫁いだお嫁さんです。義父母と同居しながら農作業も手伝うなど家を支えています。夫は会社員で休みの日に農業を手伝う程度。自分たちの代では農業を継続できるか不安。

義父が心筋梗塞で入院して農作業ができなくなり、この機会に相続のことをきちんとしておかないといけないと感じて、夫婦で相談がありました。幸い、義父は回復して退院できたので、これから対策をしてもらうことができるので、アドバイスをしてもらいたいということです。

◆Dさんが聞きたかったこと

経済面　①父親の生前対策（認知機能が衰えてきている点）

②相続税はどれぐらい？

③納税はできるか？

④二次相続

⑤将来の収益の確保（10棟のアパートのうち、5棟が空き家）

⑥土地活用できるか？

感情面　どのように分割したらよいか？

［財産評価　3億円］

感情面の課題チェック⇒ 不仲、隠し事、寄与、分けにくい…など

□【不仲】家族間ですでに争いを抱えていたり、疎遠・対立している

□【主張】遺産分割につき、個々の主張が違う

■【寄与】介護や事業に貢献してくれた相続人に多く分けたい

■【不動産】不動産が分けられない、または分けにくい

□【生前贈与】贈与した財産があるが全員に知らせていない

■分割案（争族防止）

■遺言書（争族防止）

■民事信託（認知症対策）

経済面の課題チェック⇒ 相続税、不動産、金融資産…など

□【財産確認】財産がどれぐらいあるか確認できていない

■【生前対策】これといった生前対策はしていない

■【預金】他の財産に比べて預金が少ない

□【名義預金、保険】自分が契約した家族名義の預金や保険がある

■【不動産の整理】問題を抱えた不動産がある（境界、共有名義等）

■【土地の有効活用】遊休地がある

■【納税】納税するための現金はない

■【売却】土地を売却しないと納税できない

■【節税】相続税を節税する余地がある

■【不動産が多い】自宅の他にも不動産がある

■節税対策

■納税対策

Case study 14 土地が約90%、活用しきれないDさん

現状分析と課題

○現状の財産

財産の9割を占めているのが土地で、ほとんどが農地。

項目			評価額	構成比
資産	土地	自宅	4,500 万円	14.6%
		調整区域・土地	131 万円	0.4%
		調整区域・土地	265 万円	0.9%
		自用地	1,750 万円	5.7%
		貸家建付地	1,562 万円	5.1%
		畑	2,446 万円	7.9%
		駐車場	400 万円	1.3%
		畑	2,730 万円	8.9%
		畑	2,900 万円	9.4%
		畑	1,560 万円	5.1%
		畑	6,160 万円	20.0%
		畑	1,260 万円	4.1%
		畑	1,300 万円	4.2%
		畑	700 万円	2.3%
		差　引	27,664 万円	89.8%
	建物	自宅	80 万円	0.3%
		作業所	250 万円	0.8%
		長男自宅	466 万円	1.5%
		アパート・自用地	200 万円	0.6%
		アパート・借家	140 万円	0.5%
		計	1,136 万円	3.7%
	現金・預貯金		2,000 万円	6.5%
	有価証券		万円	0.0%
	その他		0 万円	0.0%
	生命保険	(　400　-　500　×　3人　)	0 万円	0.0%
	(I)資産合計		30,800 万円	100.0%
負債	借入金		万円	
	(II)負債合計		0 万円	
(I)ー(II)純資産価格			**30,800 万円**	

財産構成グラフ

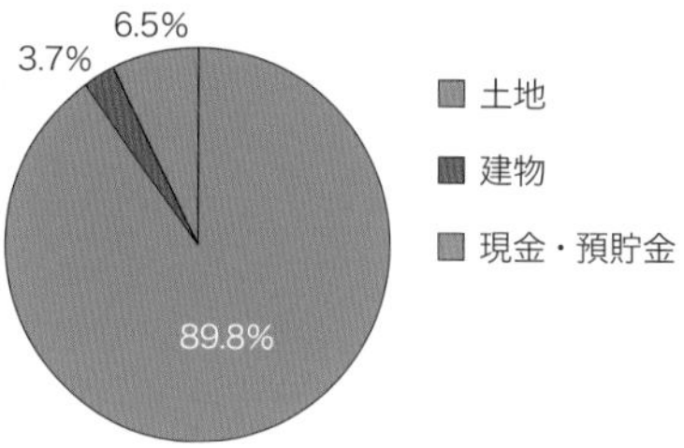

基礎控除額	48,000,000円
課税遺産総額	268,000,000円
相続税額	60,000,000円

相続税予想額　6,000万円

［財産評価　3億円］

○課題

①相続税が6000万円近くかかるのに、現金は2000万円しかない。土地を売って納税することになるが、すぐに売れるかどうかわからない。

②父親の体調が悪く農業を継続できない、母親も同年代で自分だけでは農業は難しい。二人の子どもは会社員で日常の農業を継ぐ意思はなく、営農または特定貸付けなどをしなければならない農地の納税猶予は使えない。

③貸家の半数が空き家となり、収入が半減している。

現状			
相続税予想額（配偶者あり）	**6,000万円**	総資産	**3億800万円**
相続税予想額（配偶者なし）	**7,240万円**	金融資産（現預金＋有価証券等）	**2,000万円**

対策の方針

【課題】

不動産	・財産割合の9割が不動産（農地）
納税・節税	・現状の金融資産では納税できない ・後継者がおらず、「農地の納税猶予」が使えない
収益の確保	・所有している貸家の半数が空き家に 将来の収益を確保する必要があります

Case study 14

土地が約90%、活用しきれないDさん

相続対策の提案　1

活用されていない土地が多いため、9カ所の土地を売却して、別の立地に賃貸不動産を購入する資産組替が必要です。

所有する土地のエリアでは人口減が想定されるため、賃貸需要が見込める立地に購入して土地の価値を上げることで資産価値を維持するようにします。

資産組替・相続税納税について

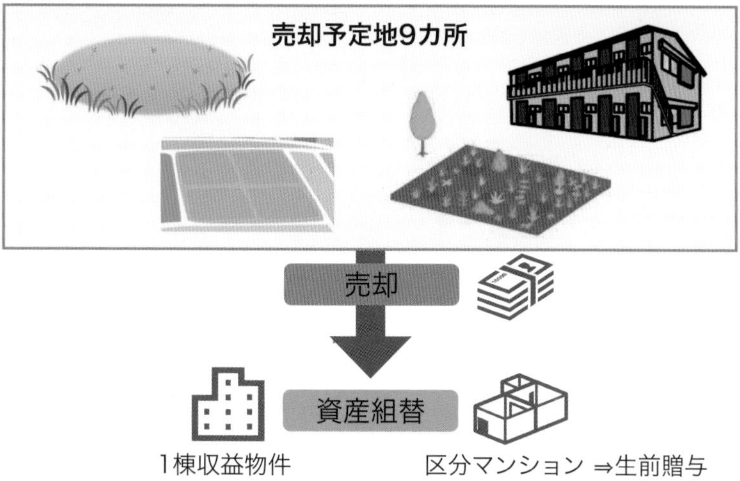

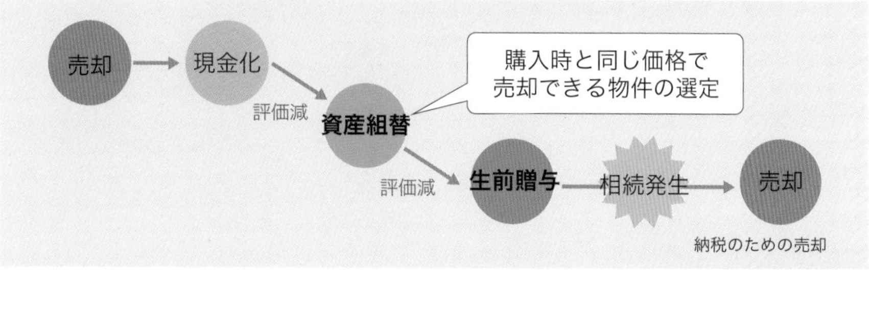

［財産評価　3億円］

資産組替と収入の確認

金融資産：1億2,000万円 → 収益物件 合計：1億円分

×　4　　年間収入＝400万円（利回り4%想定）

相続税評価額

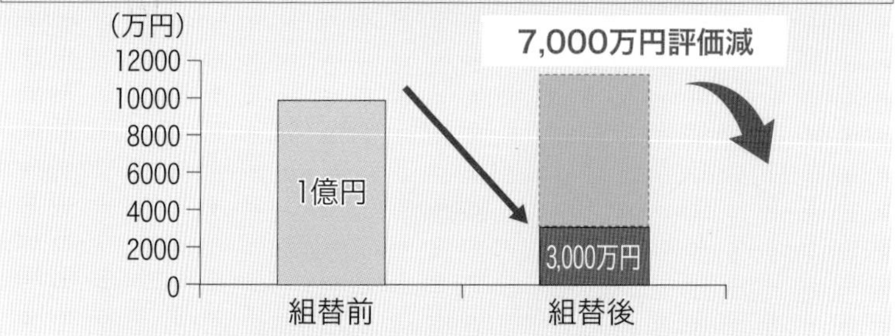

配偶者あり	予想額　635万円

相続税　1,320万円の節税

配偶者なし	予想額　775万円

相続税　1,670万円の節税

賃料収入

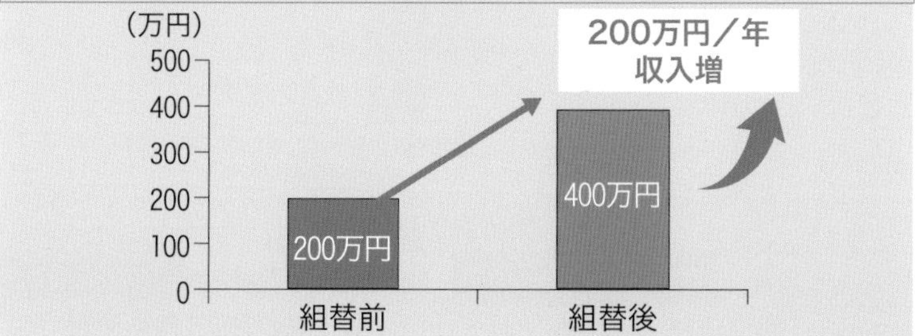

相続対策の提案　2

生命保険の非課税枠分は加入しておくことで確実な節税になるので、1500万円の保険に加入します。

生命保険の非課税枠の活用

終身型生命保険の活用(非課税枠 法定相続人×500万円)

※非課税枠の適用は法定相続人が保険金受取人になる場合のみです。

生命保険金非課税枠 1,500万円

生命保険の非課税枠のイメージ(現金4,000万円の場合)

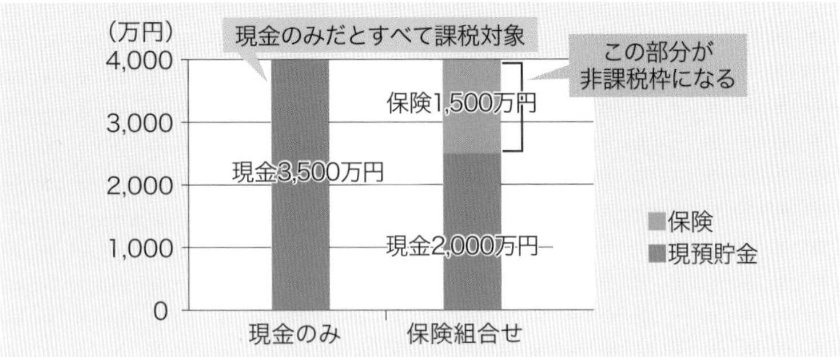

相続税予想額			
配偶者がいる場合	470万円	配偶者がいない場合	610万円
⇒165万円の節税		⇒165万円の節税	

［財産評価　3億円］

生前対策を行った場合の節税イメージ

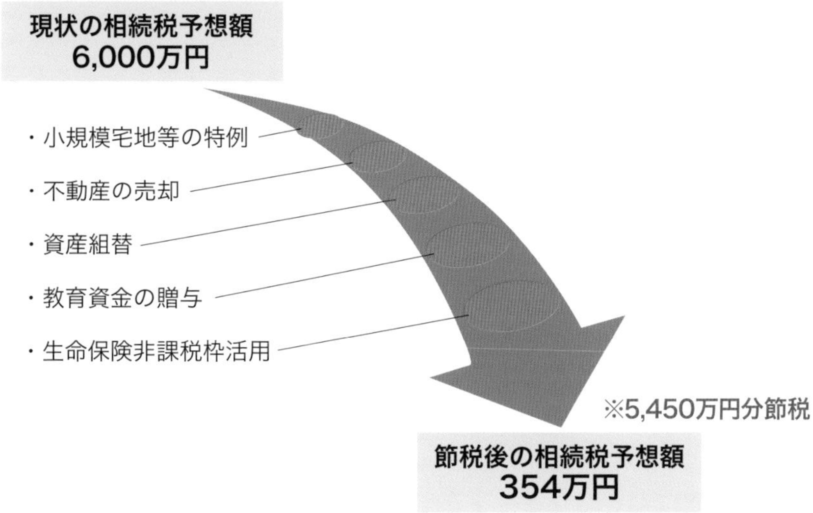

相続実務士®のコメント

Dさんは同居する義父が体調を崩して農業ができなくなったことで何とかしなくてはと、長男である夫の代わりに相談に来られました。その後、「相続プラン」のご提案をするときには、義父も退院でき家族全員そろって説明を聞いていただきました。

土地が多いのは農家だからこそですが、農業土地を維持することが難しいのは全員が感じておられました。息子二人が会社員なので、これからの農業の継続も困難、ということになりました。

相続まで待って納税のために土地を売ると減ってしまうだけですが、売却を前倒しして、売れたお金で賃貸事情のいい立地に買い替えておくことで相続税が減らせて、収入も増える対策ができるのです。

家族の総意で義父の決断を促すことができ、対策が進んだのでした。

Case study 15 土地が80%、預金の倍の相続税が予想されるEさん

ご家族の状況

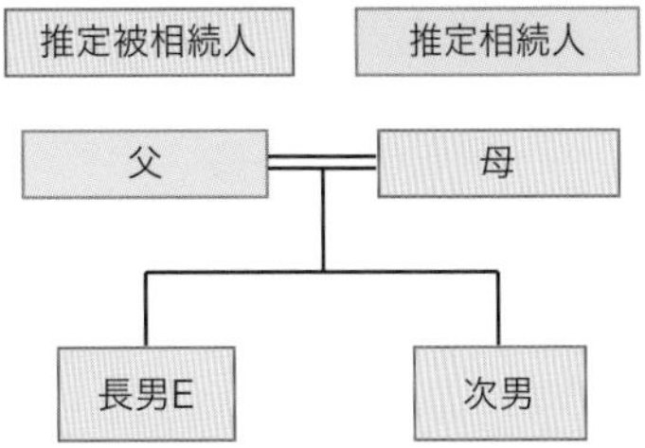

依頼者

Eさん（男性・50代）

職業　会社員

家族関係

父親（80代）、母親（80代）、

長男（相談者）、次男（40代）

相談内容

Eさんの父親は、農家の分家として自宅周りの広い土地を相続しています。アパートを2棟建てて相続対策をしていますが、それで相続税がどれぐらいになっているのかわからず、不安に思っていました。父親も80代となり、いつ相続になってもおかしくない年代ですので、まずは自分たちで相続の知識を持っておきたいと、弟と二人で相続セミナーに参加されたのです。

◆Eさんが聞きたかったこと

◇経済面

①相続税がどのぐらいかかるか？

②どのような対策をすればいいか？

③二次相続はどうすればいいか？　母親はアパート収入で生活していくはず

◇感情面

①Eさんも弟も独身ですが同居はしていない。弟とどのように分けたらいいか？

［財産評価　5.5億円］

感情面の課題チェック⇒ 不仲、隠し事、寄与、分けにくい…など

□【不仲】家族間ですでに争いを抱えていたり、疎遠・対立している

■【主張】遺産分割につき、個々の主張が違う

■【寄与】介護や事業に貢献してくれた相続人に多く分けたい

■【不動産】不動産が分けられない、または分けにくい

□【生前贈与】贈与した財産があるが全員に知らせていない

■分割案（争族防止）

■遺言書（争族防止）

■民事信託（認知症対策）

経済面の課題チェック⇒ 相続税、不動産、金融資産…など

□【財産確認】財産がどれぐらいあるか確認できていない

□【生前対策】これといった生前対策はしていない

■【預金】他の財産に比べて預金が少ない

□【名義預金、保険】自分が契約した家族名義の預金や保険がある

■【不動産の整理】問題を抱えた不動産がある（境界、共有名義等）

■【土地の有効活用】遊休地がある

■【納税】納税するための現金はない

■【売却】土地を売却しないと納税できない

■【節税】相続税を節税する余地がある

■【不動産が多い】自宅の他にも不動産がある

■節税対策

■納税対策

Case study 15

土地が80%、預金の倍の相続税が予想されるEさん

現状分析と課題

○現状の財産

財産の内訳は土地が8割を占めています。預金は財産の8.1%あるものの、ほぼ同額の借り入れがあるため、金融資産はほとんどありません。

相続税の予想額は1億5607万円で、金融資産では払えない状況です。

項目			評価額	構成比
資産	土地	自宅	13,309 万円	21.8%
		駐車場①	3,275 万円	5.4%
		賃貸アパートA	3,453 万円	5.7%
		駐車場②	8,951 万円	14.7%
		賃貸アパートB	4,131 万円	6.8%
		駐車場③	1,775 万円	2.9%
		畑A	10,094 万円	16.5%
		畑B	8,309 万円	13.6%
			万円	0.0%
		計	53,307 万円	87.4%
	建物	自宅建物	1,415 万円	2.3%
		賃貸アパートA	780 万円	1.3%
		賃貸アパートB	524 万円	0.9%
		計	2,719 万円	4.5%
	現金・預貯金		5,000 万円	8.1%
	有価証券		万円	0.0%
	その他		万円	0.0%
	生命保険金 (0 − 500 × 3人)		0 万円	0.0%
	(Ⅰ)資産合計		61,026 万円	100.0%
負債	借入金		5,150 万円	
			万円	
	(Ⅱ)負債合計		5,150 万円	
(Ⅰ)−(Ⅱ)純資産価格			55,876 万円	

財産構成グラフ

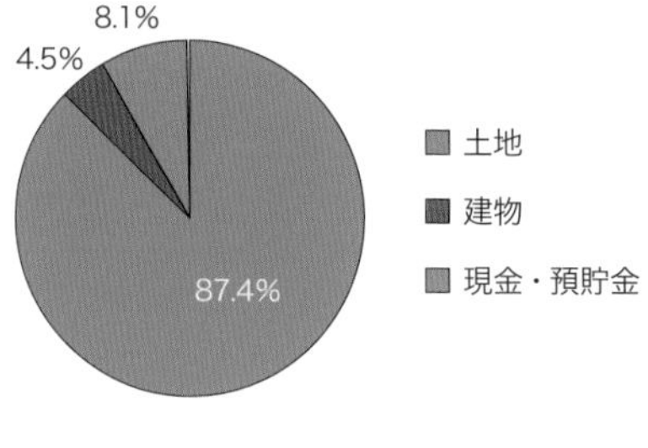

■家族構成…配偶者、子ども2人

基礎控除額	48,000,000円	42,000,000円
課税遺産総額	510,760,000円	516,760,000円
相続税額	156,070,000円	178,540,000円

相続税予想額　1億5,607万円

［財産評価　5.5億円］

土地の所在と概要（利用区分）

自用地
貸家建付地
生産緑地
傾斜地評価

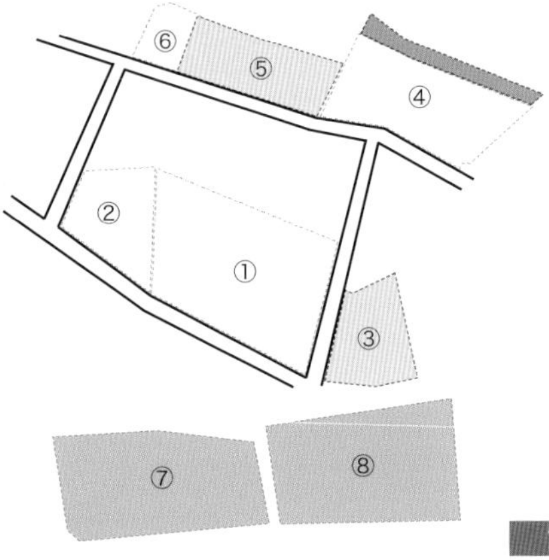

【対象地】①〜⑧
【物件概要】
用途地域：第一種低層住居専用地域
建ぺい率：40%
容積率：80%

①自宅
土地：14,659万円
建物　1,415万円
無評価：約108㎡　−1,350万円
合計：14,724万円

②自用地（外部貸駐車場）
土地：3,275万円
合計：3,275万円

③賃貸アパートA
＊P1台分貸家建付地評価
土地：3,894万円
建物　780万円
無評価：約43㎡　−441万円
合計：4,233万円

④自用地（外部貸駐車場）
土地：9,188万円
傾斜地：（約3〜5°・250㎡として）−223万円
伐採・抜根費（270㎡として）−14万円
合計：8,951万円

⑤賃貸アパートB
＊貸家建付地評価
土地　4,131万円
道路　410万円
建物　524万円
無評価：40㎡　-410万円
合計：4,654万円

⑥自用地（外部貸駐車場）
土地：1,775万円
合計：1,775万円

⑦生産緑地
土地：10,094万円
傾斜地3°以下の可能性大
合計：10,094万円

⑧生産緑地
土地：9,046万円
傾斜地（約3〜5°・828㎡として）−737万円
合計：8,309万円

評価減　▲3,175万円

現状分析

①現状の財産は基礎控除額を上回りますので、相続税の申告が必要です。
予想相続税額は15,607万円となります。
②小規模宅地の特例の活用の検討が必要となります。
③活用の難しい土地や将来的に問題を抱えた土地があります。

ご提案

〜生前対策について〜
① 資産組替の節税効果
② 土地活用の節税効果
③ 生命保険の活用

〜分割について〜
①特例の利用を考慮した分割の検討
②ご意志を形にしてご家族全員が納得できる「公正証書遺言」の作成

Case study 15 土地が80%、預金の倍の相続税が予想されるEさん

相続対策の提案　1　資産組替

農地を売却して、別の立地に区分マンションを購入する資産組替をすることで、節税して収入を増やすことができます。

外部貸しの220坪の駐車場を売却候補地としました。

資産組替の検証（現状の自用地部分）

※例）→現預金4,500万円で賃貸不動産を購入した場合（2,250万円×2室）

建物 （時価） 3,000万円	固定資産税評価 （約40%） 1,200万円	貸家評価 （70%） 840万円	相続税評価840万円 （評価率28%） ①2,160万円の評価減
土地 【時価】 1,500万円	路線価評価※ （80%） 1,200万円	貸家建付地評価 （80%） 960万円	貸家建付地評価960万円 （評価率64%） ②540万円の評価減

（時価×80%＝路線価で試算しています）

相続税評価（現預金）4,500万円 → 組替後相続税評価 1,800万円 → 評価減 2,700万円

（収支シミュレーション）想定条件
■想定投資利回り　5%
■収益　月額賃料：187,500円　年額賃料：2,250,000円

［財産評価　5.5億円］

相続対策の提案　2　土地活用

土地を残す場合は、土地活用をする必要があります。外部貸しの駐車場の土地220坪に賃貸マンションを建てて、賃貸収入を上げるとどうなるかを検証しました。

土地活用の検証【現状の自用地部分】

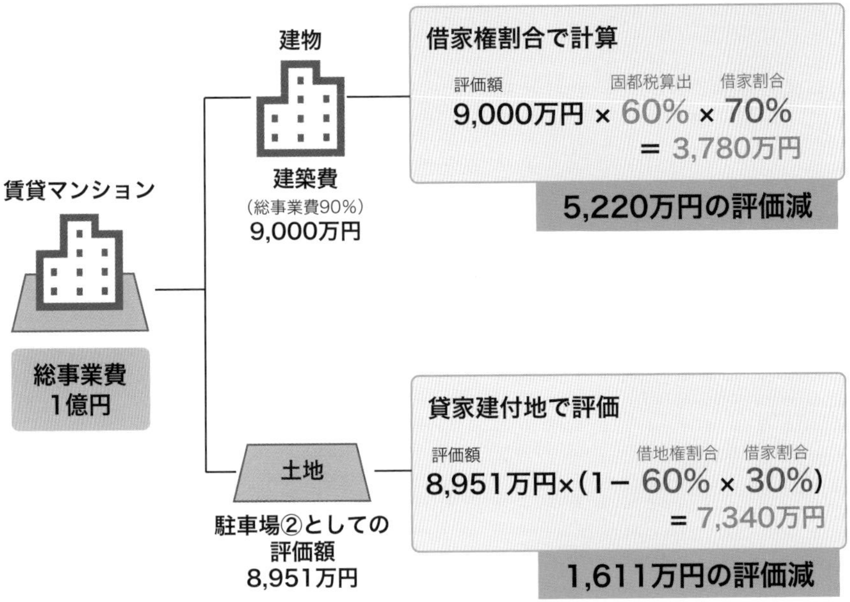

増える財産【建物】3,780万円 − 減る財産【土地評価】1,611万円 − 減る財産【事業費】10,000万円 ＝ 7,831万円の評価減

相続対策の提案　3
生命保険を利用して分割金・納税資金を用意する

**財産を確実に分与する方法の一つとして、
生命保険に加入することを提案いたします。**

メリット

- 生命保険の死亡保険金は、民法上、相続財産として扱わないので、遺産分割の対象外となります。
- 「契約」で受取人を指定することができ、分割協議をすることなく相続人が保険金を取得でき、納税資金の準備等になります。
- 生命保険の死亡保険金には一定の非課税枠(500万円×法定相続人の数)があります。

デメリット

- 契約期間の途中で解約すると、掛け金の全額は戻ってきません。
- 保険料の掛け金が必要となることです。

【1,500万円の生命保険に加入した場合】

相続税予想額　**15,607万円**　→ 対策後 →　相続税予想額　**14,970万円**

節税額
637万円

第6章

これだけは
知っておきたい
相続の
基礎知識

相続の基礎知識①
相続の手続きを知りましょう

相続にはいろいろな手続きが必要になる

人が亡くなることで相続は開始されます。財産の多い、少ないにかかわらず、残された家族は、誰もが必ず相続に直面することになるのです。通夜、葬儀が終わって、これで一段落だと思いたいところですが、相続する人は、相続開始の時から亡くなった人の財産に関する一切の権利義務について、全員で承継しますので、相続の手続きをしなければなりません。

まずは、相続人の確認をし、遺言書を残しているかどうかを確認します。次に、財産と負債の大まかな状況を確認して、相続するかしないかを決めます。相続の放棄や限定承認などを家庭裁判所に申し立てる期限は３カ月となっています。

亡くなった人に所得があれば、４カ月以内に準確定申告書を作成して、申告しなければなりません。亡くなった年の１月１日より亡くなった日までの所得に関する申告で、相続人が代わりに申告することになります。

さらに財産が相続税の基礎控除を超えるようであれば、亡くなってから10カ月目までには、相続税の申告をし、納税しなければなりません。遺言書がなければ、相続する人たちで話し合いをして財産の分け方を決めなくてはなりません。

このように、相続になるといろいろな手続きをしなければなりません。必要な手続きと期限を知っておきましょう。

申告・納税までのスケジュール

7日以内
- **死亡届を提出**
- ・相続人の確認
- ・遺言書の有無を確認
- ・葬儀費用の領収書類を保管整理

3カ月以内
- **相続の放棄・限定承認の申し立て**

4カ月以内
- **被相続人の所得税の申告・納付（準確定申告）**
- ・財産の評価・鑑定
- ・遺産分割協議書の作成
- ・財産の名義変更の手続き
- ・相続税申告書の作成

10カ月以内
- **相続税の申告・納付（延納・物納の申請）**

相続に関わる手続き一覧

手続きの種類	期限	手続き先（窓口）	提出（必要）書類
死亡届	7日以内	死亡者の住所地の市町村役場	死亡診断書または死体検案書
遺言書の検認	相続開始後、遅滞なく	被相続人の住所地の家庭裁判所	遺言書原本、遺言者の戸籍謄本、相続人全員の戸籍謄本、受遺者の戸籍謄本または住民票抄本
相続の放棄	相続を知ってから3カ月以内	被相続人の住所地の家庭裁判所	相続放棄申述書、申述書及び被相続人の戸籍謄本
所得税の申告・納付	4カ月以内	被相続人の住所地の税務署	確定申告書、死亡した者の所得税の確定申告書付表
相続税の申告・納付	10カ月以内	被相続人の住所地の税務署	相続税の申告書、その他
生命保険金の請求	なし（死亡後はいつでもできるが、2年または3年の消滅時効あり）	保険会社	生命保険金請求書、保険証券、最終の保険料領収書、受取人及び被相続人の戸籍謄本、死亡診断書、受取人の印鑑証明書

相続の基礎知識②
相続人は誰でしょう？

相続人の範囲と順位が定められている

民法では、相続人の範囲と順位について次の通り定めています。ただし、相続を放棄した人や相続権を失った人は、初めから相続人でなかったものとされます。

法定相続人の組み合わせ

	配偶者と血族	配偶者	血族
第1順位がいる	**配偶者と子** **（または孫）**	**配偶者のみ**	**子のみ** **（または孫のみ）**
第1順位がいない	**配偶者と父母** **（または祖父母）**		**父母のみ** **（または祖父母のみ）**
第1、第2順位がいない	**配偶者と兄弟姉妹** **（または甥・姪）**		**兄弟姉妹のみ** **（または甥・姪のみ）**

法定相続人の範囲

相続人　「血族相続人」直系卑属（子や孫など）……第1順位
直系尊属（父や母など）……第2順位
傍系の血族（兄弟姉妹・甥姪など）……第3順位
「配偶相続人」配偶相続人

相続順位

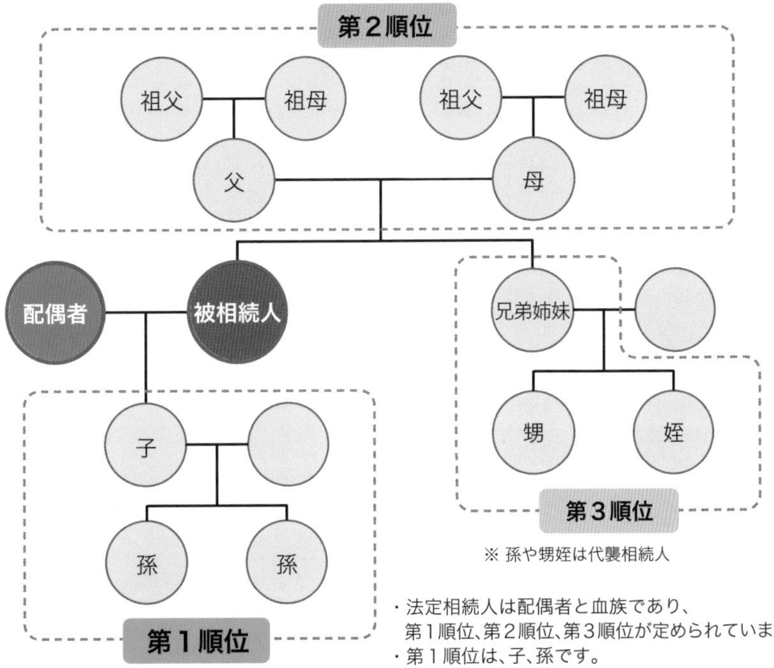

※ 孫や甥姪は代襲相続人

配偶者は、常に法定相続人です。

・法定相続人は配偶者と血族であり、第１順位、第２順位、第３順位が定められています。
・第１順位は、子、孫です。
・第２順位は、父母、祖父母です。
・第３順位は、兄弟姉妹です。

配偶者は どんな場合でも相続できる

配偶者とは、婚姻の届け出をした夫または妻を言います。相続人の中で、配偶者（亡くなった人の妻や夫）は、どんなときでも相続でき、血族相続人がいなくても、常に相続権があります。

ただし、相続権がある配偶者は、婚姻届が出されている正式な配偶者に限られます。籍を入れない内縁関係の場合は相続人になれません。

養子は何人でも相続人になれるが 税務上は制限がある

養子縁組をしている相続人は、何人いても相続人になります。しかし、相続税の基礎控除の計算に組み入れることができる養子の数は決められており、被相続人に実子がある場合は1人、実子がない場合は2人までとなっています。ただし、①特別養子制度によって養子になった人、②配偶者の連れ子を養子にした場合、③代襲相続人の場合の養子は、相続税の計算上、実子と見なされ、養子規制の対象から外されます。

非嫡出子も相続権があり 実子と同等になる

正式な婚姻関係にない男女間の子を「非嫡出子」と言いますが、父親から「認知」を受けていれば、実子や養子と同様に第1順位の相続人になります。養子や非嫡出子は、「法定血族」と呼ばれます。また胎児にも相続権があります。

代襲相続人は亡くなった人の代わりになる

相続人となるべき人が被相続人の死亡前に亡くなっていたり、何らかの理由で相続権を失っているときは、その人の直系卑属（子、孫）が相続人になります。これを代襲相続人と言います。代襲相続人は本来相続人となるべきであった人の代わりですから、子が先に死亡し、孫が相続人となった場合のその孫は子と同じで第一順位の血族相続人と見なされます。

兄弟姉妹の子が代襲相続人になることもある

子が先に死亡したため孫が相続人になるというケースが、典型的な代襲相続ですが、兄弟について代襲相続が生じる場合もあります。被相続人に子がなく、直系尊属（父母）もすでに死亡しているときは、兄弟姉妹が相続人になりますが、その兄弟がすでに死亡しているケースです。この場合は、死亡した兄弟に代わって、その子（甥、姪）が相続人になります。兄弟の場合は、甥や姪の段階で代襲相続は打ち切りとなります。

未成年は親か特別代理人を選任する

相続人が未成年の場合は、法定代理人である親が子どもの代わりに遺産分割協議などの代理をしますが、親も相続人の場合は、家庭裁判所に手続きをし、未成年者の一人ひとりに「特別代理人」を選任します。

行方不明者は失踪宣告か財産管理人かを選択する

相続人の誰かが家出したり、蒸発したりして、行方がわからない場合は、次のいずれかの方法を選択します。どちらも家庭裁判所に申し立てることが必要です。

①家庭裁判所に失踪宣告を申し立てる（行方不明者の生死も明らかではなく、7年以上の年月を経過している場合）

②所在者不明のため相続財産管理人を家庭裁判所に選任してもらう。その管理人と残りの相続人が家庭裁判所に遺産分割の調停または審判を求め、裁判所の関与の下に遺産の分割を行う

相続人が認知症なら成年後見人を選任する

相続人が認知症や知的障害、精神障害がある場合は、家庭裁判所に「成年後見人」の手続きをして選任し、成年後見人が分割協議をします。

法定相続人の範囲

相続人　「血族相続人」直系卑属（子や孫など）……第1順位
直系尊属（父や母など）……第2順位
傍系の血族（兄弟姉妹・甥姪など）……第3順位
「配偶相続人」配偶相続人

相続の基礎知識③ 財産の分け方を知りましょう

遺言書があれば、亡くなった人の意思として優先します。遺言書がない場合や遺言書があっても遺産分割についての指定がない場合は、相続人全員で話し合い、納得のいく分割を決めるようにします。遺産の分配を「遺産分割」といい、その割合を「相続分」と言います。遺産分割は、必ずしも法定相続分通りに分ける必要はなく、相続人全員が納得すればどのように分けても構いません。

法定相続分が定められている

民法では、それぞれの取り分の目安となる「法定相続分」を定めています。法定相続分は配偶者がいるか、どの順位の法定相続人かによって、その割合が変わります。

①相続人が配偶者と子の場合→配偶者1／2　子1／2

②相続人が配偶者及び被相続人の直系尊属の場合
　→配偶者2／3　直系尊属1／3

③相続人が配偶者及び被相続人の兄弟姉妹の場合
　→配偶者3／4　直系尊属1／4

代襲相続人がいる場合は、本来相続人になるべきであった人の相続分をそのまま受け継ぎます。子、直系尊属、兄弟姉妹が複数いる場合は、それぞれの相続分を頭割りにします。

民法で定められた相続分の種類

相続分

相続分	内容
法定相続分・代襲相続分	遺言書がない場合の相続分で、一般的にはこの2つが遺産分割の基準となる。通常、法定相続分というのは、この2つを指す。
指定相続分	遺言書で指示された相続分で、法定相続分に優先する。
特別受益者の相続分	被相続人の生前に被相続人から財産贈与や遺贈を受けた人が受ける相続分。
寄与分	被相続人の財産形成に特別な寄与をした人が受ける分。

法定相続分の割合

	配偶者がいる
第1順位 （子・孫）	配偶者：2分の1 子　　：2分の1 （子が3人の場合、各6分の1）
第2順位 （父母）	配偶者：3分の2 父母　：3分の1 （父母とも健在の場合、各6分の1）
第3順位 （兄弟姉妹）	配偶者　：4分の3 兄弟姉妹：4分の1 （兄弟姉妹が3人の場合、各12分の1）
上記血族が いない場合	配偶者が全部相続する

	配偶者がいない
第1順位 （子・孫）	子が全部相続する （子が3人の場合、各3分の1）
第2順位 （父母）	父母が全部相続する （父のみの場合、父が全部相続する）
第3順位 （兄弟姉妹）	兄弟姉妹が全部相続する （兄弟姉妹が3人の場合、各3分の1）
上記血族が いない場合	相続人なし

相続人が1人しかいない場合は、
その相続人1人が全部の財産を相続する

遺産分割には期限がない

財産は、被相続人の死と同時に相続人に移転します。しかし、そのままでは共有財産として所有しているにすぎません。各相続人の所有とするには「遺産分割」をする手続きが必要になります。遺産の分割には決まった期限はありませんが、相続税の申告までに遺産分割が決まらないと配偶者の税額軽減の特例が受けられないことがあり、その頃までに分割しておいたほうがいいでしょう。

遺産分割の具体的方法は現物分割・代償分割・換価分割

遺産を分割する具体的な方法としては、次の3つがあります。

・現物分割……誰がどの財産を取るか決める方法でもっとも一般的。

・代償分割……ある相続人が法定相続分以上の財産を取得する代わりに他の相続人たちに自分の金銭を支払う方法。

・換価分割……相続財産をすべて売却して、その代金を分割する方法。

以上の方法を組み合わせることも可能です。また、遺産の共有、すなわち遺産を相続人全員で共有するという選択肢もあります。

特別受益は相続の前渡しとして考える

相続人の中で、他の相続人より、生前に多めに金銭をもらっている（贈与）、または資金援助を受けている場合、遺言書により遺贈を受ける場合を、これを「特別受益」と言い、相続の前渡し（生前贈与）を受けたものと見なされます。この場合、特別受益を受けた相続人は、相続分から差し引いて、計算することにします。

貢献してきたことは寄与分になる

相続人の中で、仕送りを続けた場合、被相続人の事業を無報酬で手伝っていた場合、借金を肩代わりした場合、無償で被相続人の病気やけがの看病介護をした場合など、財産の維持または増加につき特別の貢献をした場合、他の何もしていない相続人と同じ相続分では不公平と言えるでしょう。そのため、貢献に見合う分を「寄与分」としてプラスすることができます。

寄与分として認められるには、その貢献が家族としての扶養義務を超えることを他の相続人に示して、同意してもらわなくてはなりません。寄与分の算出は、簡単ではなく、明確に証拠や資料がなければ、他の相続人の同意を得られないこともあります。

協議が終われば遺産分割協議書を作成する

遺言書で指定されている場合は優先されますが、遺言書がない場合は相続人が話し合って財産の分け方を決めるようにしなければなりません。いろいろな状況を考慮し、話し合い、遺産分割の内容がまとまって、全員の合意が得られたときは、「遺産分割協議書」を作ります。この協議書は相続人全員が同意をしたという証拠になり、後の争いになることを回避します。そのために、実印を押印し、印鑑証明書を添付するのです。

遺産分割協議書の作り方には決まったルールはありません。①相続人全員が名を連ねること、②印鑑証明を受けた実印を押すことの2点が必須となります。未成年者や認知症などで代理人を選任した場合は、代理人の実印、印鑑証明書が必要になります。

遺産分割協議書の作成例

遺産分割協議書

被相続人 ○ ○ ○ ○(令和○○年○○月○○日死亡)の遺産については、同人の相続人の全員において分割協議を行った結果、次の通り遺産を分割し、取得することに決定した。

1.相続人 ○ ○ ○ ○ は被相続人 ○ ○ ○ ○ の次の遺産を取得する。

(1)土　地　所　在　　○○○市○○○町三丁目
　　　　　地　番　　○○○○
　　　　　地　目　　宅地
　　　　　地　積　　○○,○○○㎡

2.相続人 ○ ○ ○ ○ は被相続人 ○ ○ ○ ○ の次の遺産を取得する。

1)○○銀行○○本店　定期預金(口座番号○○○○○○○)
2)○○銀行○○本店　普通預金(口座番号○○○○○○○)

3.本協議書に記載なき資産及び後日判明した遺産については相続人 ○ ○ ○ ○ が取得する。

上記の通り、相続人による遺産分割の協議が成立したので、これを証するため、本書2通を作成し、各1通ずつ所持する。

令和　　年　　月　　日

○○○市○○○丁目○○番○号
相続人　　○ ○ ○ ○

○○○市○○○丁目○○番○号
相続人　　○ ○ ○ ○

相続の基礎知識④
遺言書の基本を知りましょう

遺言書は優先される

遺言は亡くなった人の生前における最後の意思表示であり、その死後、法律的に保護し、実現させるための制度です。遺言書が見つかり、遺産分割の方法や相続割合の指定などがある場合は、優先され、原則として遺言書通りに相続することになります。

そのため、相続になった場合は、法定相続人の確定と同時に、遺言書があるのか、ないのかを確認するようにします。自筆証書遺言の場合は、自宅や貸金庫を確認します。法務局に保管してある場合もあるでしょう。公正証書遺言の場合は、公証役場で確認することもできます。

遺言書があれば、法定相続分による相続よりも、遺言書の内容が優先されます。よって法定相続人ではない第三者に財産を遺贈する内容や一部の相続人に多く渡す内容であっても遺言書が優先されます。

遺言書で法的効力を持たせることができるのは、①相続について（相続分や分割方法、特別受益の免除、廃除及び廃除の取り消し、 遺留分侵害額の支払方法、遺言執行者の指定など）、②身分について（遺言による認知、後見人の指定及び後見監督人の指定など）、③遺産分割について（遺贈、寄付行為、生命保険金受取人指定、信託の設定など）の3つと決まっており、それ以外の内容については相続人の意思に任されます。

主な遺言書は自筆証書と公正証書

遺言には、法的に大きく分けて「普通方式」と「特別方式」によるものがあります。特別方式による遺言は、「危急時遺言」と「隔絶地遺言」とに分けられます。危急時遺言は、病気などで死が迫っているときや、船や飛行機が遭難して死が迫っているとき、隔絶地遺言は、伝染病で隔離されているとき、船の中にいて一般の人と連絡が取れないときなど、いずれも特殊なケースで行われる遺言の形式です。

遺言書のほとんどは「普通方式」で、①自筆証書遺言、②公正証書遺言、③秘密証書遺言の3種類となります。

自筆証書遺言書は検認が必要

「自筆証書遺言」と「秘密証書遺言」の場合は、家庭裁判所に提出し、検認を受けなければなりません。封印のある遺言書は，家庭裁判所で相続人等の立会いの上、開封しなければならないことになっています。

検認は、遺言書の形状、加除訂正の状態、日付、署名など、検認の日現在における遺言書の内容を明確にして遺言書の偽造・変造を防止するための手続きであり、遺言の有効・無効を判断する手続きではありません。

民法改正により、自筆の遺言書を法務局に預けることができるようになり、法務局に預けた場合は家庭裁判所の検認は不要になりました。自筆遺言書を保管してもらう際に手続きをしておくと、相続になったときに、遺言者の相続人や遺言書に記載された受遺者や遺言執行者に通知が送られます。それにより遺言書が預けられていることがわかり、遺言書の内容も知ることができます。

遺言（普通方式）の特徴

	自筆証書遺言	公正証書遺言	秘密証書遺言
作成者	本人	公証人	本人（代筆可）
書く場所	どこでもOK	公証役場	どこでもOK
証人・立会人	不要	2人以上	公証人1人、証人2人以上
PC・ワープロ	不可（財産目録を除く）	可	可
日付	年月日まで記入	年月日まで記入	年月日まで記入 （本文には記載しなくてもよい）
署名・押印	本人のみ必要	本人、証人、公証人	本人、証人、公証人 ※封書には本人、証人、公証人の署名、押印が必要 ※遺言書には本人の署名、押印が必要
押印用印鑑	実印・認印・拇印のいずれかで可	本人実印（印鑑証明書持参）、証人認印	本人が遺言書に押印した印鑑。証人は実印認印・どちらでも可
費用	かからない （後で検印の費用がかかる）	作成手数料	公証人の手数料 （後で検印の費用がかかる）
封入	不要 （封入しておいたほうがよい）	不要	必要
保管	本人	原本は公証人役場、正本は本人	本人
備考	法務局での保管サービスや通知のサービスを利用することができる	保管は安心だが、特に封をする必要がないため、内容を知られてしまうこともある	保管が確実で、秘密も守れるが、公証人は内容の確認はしていないため、内容に不備がある可能性もある

※自筆証書遺言には家庭裁判所の検認が必要です。
ただし、法務局に預けることで検認は不要です。

法律で守られている相続分が遺留分となる

遺言書は法定相続分より効力があり、遺言書では本人の意思により遺産分割の方法を自由に決めることができます。相続人の法定相続分を基準にすることが望ましいところですが、なかなか公平にできない実情があり、まったく自由ということになると財産を他人などに与えられてしまい、遺族が生活に困るといったケースも出てきます。

そこで、こうした事態を避けるために、相続人が最低限取得できるように法律で守られている相続分が「遺留分」です。遺言に不公平感がある場合は、遺留分が侵害されていないか確認します。

遺留分の割合と計算

法定相続人	配偶者	子	父母	遺留分の合計
配偶者のみ	1/2	−	−	1/2
子のみ	−	1/2※1	−	1/2
配偶者と子	1/4	1/4	−	1/2
父母のみ	−	−	1/3※2	1/3
配偶者と父母	1/3	−	1/6	1/2

※1 子が3人なら、1人当たり1/6　※2 父母が健在なら、1人当たり1/6

遺留分を侵害されているときは侵害額請求をする

遺言書があり遺留分が侵害されたとわかったときは、財産を多く取得した人に対し、書面にて財産の取り戻しを請求します。これを「遺留分の侵害額請求」と言います。侵害の請求権は相続があることを知ってから1年以内、相続した日から10年を経過すると請求の権利は時効によりできません。侵害をされていることを知らなかった場合は、それを知ってから1年が期限です。

仮に遺留分を侵害されていても、請求しない場合はそのままの相続となります。また、内容が不服であっても、遺留分を侵害されていないときは、請求できません。

遺留分の侵害額請求につき、相手が応じない場合は、家庭裁判所に調停を申し立てることになります。なお、遺留分は現金で支払うことが決められました。

遺言を実現するのは遺言執行者

「遺言執行者」とは、遺言書に記載されている内容を実現させるために手続きをする人のことです。「遺言執行者」は相続手続きが完了するまで財産を管理することになります。

「遺言執行者」は必ずしも必要ではありませんが、相続人の廃除やその取り消し、子の認知など身分に関わることは「遺言執行者」でないとできません。

遺言執行者は相続人でもなることができます。遺言書で指定されていない場合は、相続人が遺言執行者を選任するようにし、手続きをします。

相続の基礎知識⑤
相続財産・非課税財産・債務を知りましょう

相続や遺贈によって取得するすべてが相続財産となる

相続税の課税対象となる財産は、被相続人が相続開始のときにおいて所有していた土地、家屋、立木、事業（農業）用財産、有価証券、家庭用財産、貴金属、宝石、書画骨とう、電話加入権、預貯金、現金などの金銭に見積もることができるすべての財産をいいます。

◇プラス財産：不動産（借地権も含む）・預貯金、現金・有価証券・特許権・著作権・貴金属・美術品・自動車・船舶・家財道具　など

◇マイナス財産：借入金・買掛金・未払い金・損害賠償・連帯保証　など

相続財産を一覧表にする

相続が開始されたら、できるだけ早く財産の確認をし、一覧表にして、財産をひと目で把握できるようにしましょう。

財産の確認のためには、通帳や保険証、不動産の権利証などの書類を確認するだけでなく、役所や法務局の証明書を取る必要があります。

財産の目録例

	財産種類	所在	種類	詳細	およその時価	備考
財産	土地	東京都××区 ○町×丁目 ○番地	宅地	200㎡	5,500万円	長男が同居　築10年 現在○○銀行の担保により売却不可
		岐阜県××市 ○町×丁目 ○番地	畑	800㎡	1,200万円	現在未利用 空地
	家屋	東京都××区 ○町×丁目 ○番地	共同住宅	鉄骨 地上3階建て 340㎡	1,820万円	
	預貯金	○○銀行 ○○本店	定期預金	口座番号 1234567	1,000万円	
		○○銀行 ○○本店	普通預金	口座番号 9876543	300万円	
	生命保険	○○生命保険	死亡保険金		2,000万円	受取人は長女
	その他	自宅内	家財一式		50万円	
		自宅車庫内	自動車	○○	不明	3年使用
	予想財産合計　1億1,870万円					

債務	債務	○○銀行 ○○本店	借り入れ	事業用 (共同住宅 建築資金)	4,000万円	○年○月までに完済予定。 担保物件が土地、建物
	葬儀費用				300万円	長男が立て替え中
	債務合計　4,300万円					

保険金や退職金はみなし相続財産となる

死亡保険金や死亡退職金など、相続や遺贈によって取得したものと見なされるものも相続財産となります。

「みなし相続財産」として相続税のかかるもの

課税財産	みなし相続財産	**死亡保険金**……生命保険金、共済金
		死亡退職金……功労金なども含む
		生命保険契約に間する権利……被相続人が保険料を負担したもので、保険事故未発生分
		定期金に関する権利……郵便年金契約などの年金の受給権
		信託受託権……遺言による信託受益権
		贈与税の納税猶予の適用を受けた非上場株式、農地など
		その他……遺言による債務免除益など
	その他	**相続時精算課税制度を選択した贈与財産**

お墓や仏具は非課税財産になる

お墓や仏具など7種類の財産は非課税とされている他、保険金や死亡退職金には、一定の金額を非課税とすることになっています。

課税対象から除かれる７種類の財産

非課税財産	**墓地、墓石、神棚、仏壇、位牌など**…ただし、商品や骨とう品、投資対象として所有しているものは除く
	生命保険金…500万円×法定相続人分
	死亡退職金…500万円×法定相続人分
	慶弔金…A. 業務上の死亡…給料の3年分　B.その他の死亡…給料の6カ月分
	その他…公益法人への申告期限内の寄付金など
債務控除	**債務**…借入金、未払金など
	葬儀費用

葬儀費用とされるもの

埋葬、火葬その他に要した費用（仮葬儀と本葬儀を行う場合は双方の費用）
葬儀に際し施与した金品で、被相続人の職業、財産などから相当程度と認められるものに要した費用（お布施、読経料、戒名料など）
その他、葬儀の前後に要した費用で、通常葬儀に伴うと認められたもの
遺体の捜索、または遺体もしくは遺骨の運搬に要した費用

葬儀費用とされないもの

香典返礼費用
墓碑及び墓地の購入ならびに墓地の借入料
初七日、四十九日の法要に要した費用
医学上または裁判上の特別の処置に要した費用

債務や葬儀費用は差し引くことができる

被相続人の債務は、相続財産の価額から差し引くことができます。借入金や未払金や葬儀費用などの他、被相続人が納めなければならなかった国税、地方税などの未納分も差し引くことができます。

被相続人に所得があれば、相続開始4カ月以内に、所得税・消費税の申告をしなければなりません。この申告によって納めることとなった所得税・消費税は、相続財産の価額から差し引くことができます。賃貸物件の敷金、保証金も預かり金なので差し引くことができます。

被相続人の葬儀費用も、相続財産から差し引くことができます。葬儀費用とは、①お寺などへの支払い、②葬儀社、タクシー会社などへの支払い、③通夜に要した費用などです。なお、墓地や墓碑などの購入費用、香典返しの費用や法要に要した費用などは、葬儀費用に含まれません。

葬儀費用の扱い

葬儀費用とされる

- ①埋葬、火葬その他に要した費用
- ②葬儀に際し施与した金品で、被相続人の職業、財産などから相当程度と認められるものに要した費用
- ③その他、葬儀の前後に要した費用で通常葬儀に伴うと認められるもの
- ④死体の捜索、または死体もしくは遺骨の運搬に要した費用

葬儀費用とされない

- ①香典返礼費用
- ②墓碑及び墓地の購入費ならびに墓地の借入料
- ③法会に要した費用
- ④医学上または裁判上の特別の処置に要した費用

香典返しなどは葬儀費用として認められない

相続の基礎知識⑥
相続財産の評価の仕方を知りましょう

財産には それぞれ評価の仕方がある

相続税を計算したり、相続対策を行うためにも、相続する財産の価格を算出しておく必要があります。しかし相続税が課税される財産には、預貯金や現金などの金融資産だけでなく、土地や建物、株式や美術品など様々なものがあり、一律の基準や計算式だけでは評価できるものではありません。これらの財産は一体どのように算定するのでしょうか？

相続税法では、基本的に相続財産は相続があった日、つまり亡くなった日の「時価」で評価することが決められています。

「時価」というのは、相続及び遺贈で取得した財産の評価は、それぞれの財産の現況に応じ、不特定多数の当事者間で自由な取引が行われる場合に通常成立すると認められる価額を言います。

「時価」の評価方法は、①収益還元価格、②再取得価格、③市場価格の３つがあり、どれを採用していいかなどわかりにくいこともあります。

そこで、国税庁では「財産評価基本通達」を定め、財産ごとに一定の評価基準を公表しています。よって、相続財産を評価するときには、その「財産評価基本通達」に基づいて評価をすることになります。

主な財産の評価方式

財産の種類	評価方式
宅地	①市街地（宅地）：**路線価方式** ②郊外地（農地・山林・雑種地）：**倍率方式**
貸地	**宅地の価額－借地権の価額**
私道	①不特定多数の者が通行……**0** ②その他……**通常評価額×0.3**
建物	①貸家：**固定資産税評価額×（1－借家権割合）** ②その他：**固定資産税評価額×1.0**
借地権	**宅地の価額×借地権の割合**
借家権	**家屋の価額×借家権割合**（一般的に評価しない場合が多い）
預貯金	**預入残高＋既経過利子**
上場株式・非上場株式	**3種類に分けて評価**
一般動産	**調達価額**
書画骨とう	**売買実例価額、精通者の意見価格など参酌**
電話加入権	**通常の取引価額**
ゴルフ会員権	**通常取引価額×0.7**

土地の評価の仕方は
路線価方式と倍率方式がある

・路線価方式

路線価が定められている地域の評価方法です。路線価とは、路線（道路）に面する土地の1㎡当たりの価額のことで、国税庁のWebサイトの「路線価図」で路線価を確認することができます。

宅地の価額は、その宅地の形状等に応じた各種補正率（奥行価格補正率、側方路線影響加算率など）で補正した後の路線価に宅地の面積を掛けて計算します。

・倍率方式

路線価が定められていない地域の評価方法です。宅地の価額はその宅地の固定資産税評価額（都税事務所や市（区）役所または町村役場で確認）に一定の倍率（倍率は地域によって異なります）を掛けて計算します。倍率は国税庁のWebサイトの「評価倍率表」で確認することができます。

令和 3年分　倍　率　表　1頁

市区町村名：八千代市　千葉西税務署

音順	町（丁目）又は大字名	適用地域名	借地権割合	固定資産税評価額に乗ずる倍率等 宅地	田	畑	山林	原野	牧場	池沼
			%							
い	神久保	農業振興地域内の農用地区域			純 3.7	純 12				
		国道１６号線沿い	40	1.0	中 10	中 26	中 21	中 18		
		上記以外の地域	40	1.1	中 7.5	中 15	中 17	中 15		
お	大和田新田	市街化調整区域								
		1　農業振興地域内の農用地区域				純 14				
		2　ゆりのき台との境の道路沿い	50	1.1		中 25	中 36	中 29		
		3　東葉高速線以北で上記以外の地域	50	1.1		中 23	中 30	中 28		
		4　上記以外で主要地方道６１号線（船橋印西線）及び主要地方道５７号線（千葉鎌ヶ谷松戸線）沿い	50	1.1		中 27	中 56	中 43		
		5　上記以外の地域	50	1.1		中 25	中 47	中 37		
		市街化区域	—	路線	比準	比準	比準	比準		
	尾崎	農業振興地域内の農用地区域			純 5.7	純 11				
		上記以外の地域	40	1.0	中 10	中 17	中 21			
か	勝田	1　農業振興地域内の農用地区域			純 7.5	純 22				
		2　国道１６号線沿い	50	1.1	中 21	中 44	中 47			
		3　上記以外の地域	50	1.1	中 14	中 33	中 33	中 32	55	

土地の評価の仕方

種類		評価方式
自用地	土地所有者の居住用や事業用のすべての土地	路線価方式または倍率方式
貸宅地	他人に貸している（借地権が設定されている）宅地	自用地の評価額×（1－借地権割合）
貸家建付地	土地所有者がアパートなどの貸家を建てている宅地	自用地の評価額×（1－借地権割合×借家権割合）
借地権	土地を借りて自己の建物を建てている宅地	自用地の評価額×借地権割合
農地	純農地	倍率方式
	中間農地	倍率方式
	市街地周辺農地	市街地農地の評価額×0.8
	市街地農地	宅地比準方式（宅地造成費を控除する）または倍率方式
山林	純山林	倍率方式
	中間山林	倍率方式
	市街地山林	宅地比準方式（宅地造成費を控除する）または倍率方式
その他	原野、牧場、池沼、鉱泉地	宅地比準方式（宅地造成費を控除する）または倍率方式
	雑種地	近傍地比準価額方式または倍率方式

路線価方式の計算方法

市街地にある宅地は、その宅地が面している道路に付けられた価格である「路線価」に宅地の面積を掛けた価格が評価額となります。

路線価図を見る場合は次のような点に注意します。

・評価する土地の所在を確認する……どの道路に面しているかの位置確認
・路線価格を見る……記されているのが1㎡当たりの路線価
・借地権割合を確認する……路線価の次のアルファベットで割合が決められている
・地区区分を確認する……7つの地区区分に分かれている

公図で地形の確認をする

土地の評価は、奥行きや間口距離、あるいは地形でかなり違ってきます。正確な土地の評価を出すには、「実測図」を作成することが必要ですが、法務局で作成している「公図」で代用します。「公図」とは、登記された土地の位置や形状を記録したもので、法務局に申請すれば閲覧、コピーできます。

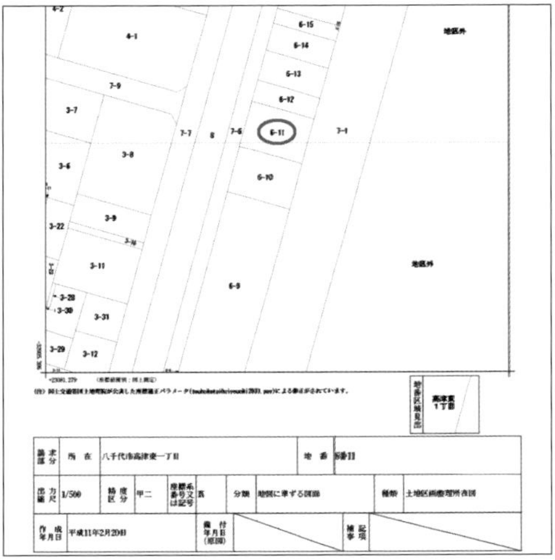

路線価図の見方

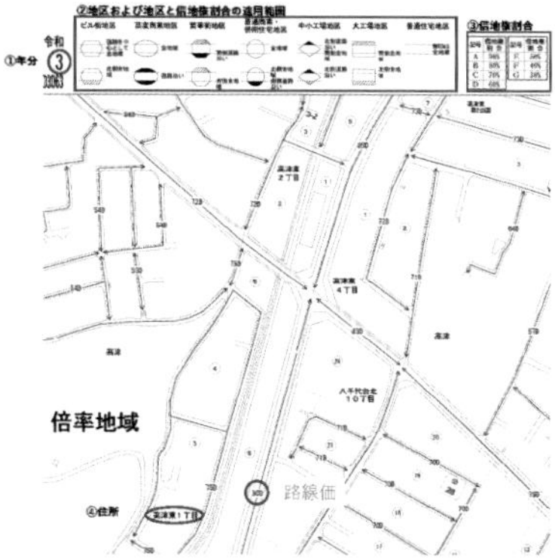

路線価図を見る場合は
次のような点に注意します。

評価する土地の所在を確認する
どの道路に面しているかの位置確認

路線価格を見る
記されているのが1㎡当たりの路線価

借地権割合を確認する
路線価の次のアルファベットで
割合が決められている

地区区分を確認する
7つの地区区分に分かれている

地区区分

記　号	地　区
	ビル街地区
	高度商業地区
	繁華街地区
	普通商業・併用住宅地区
	中小工場地区
	大工場地区
無印	普通住宅地区

適用範囲

記　号	適用範囲
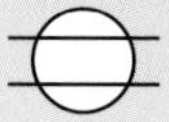	一道路の両側全地域
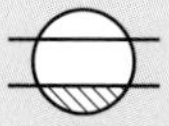	道路の北側全地域
	道路沿い
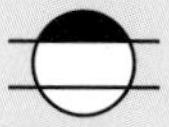	北側の道路沿いと南側全域
	北側の道路沿いの地域

地区区分

記　号	A	B	C	D	E	F	G
借地権割合	90%	80%	70%	60%	50%	40%	30%

※市街地にある宅地は「路線価方式」で評価される

貸宅地は借地権を控除して評価する

　他人に貸している土地は、借地人の権利があり、すぐに明け渡してもらうというわけにはいきません。そのため、通常の評価額より借地人の持っている借地権を控除して評価することになっています。

　賃貸アパートやマンションの敷地は「貸家建付地」となり、通常の評価額より借地権割合と借家権割合を掛けた分を引くことになっています。

私道などの特殊な土地は減額できる

　私道とは、複数の者の通行に利用されている宅地のことです。間口が狭く奥まった宅地、いわゆる敷地延長部分については所有者の家族だけが通行に利用するので、私道とは言えず、通常の宅地としての評価になります。

　不特定多数の者が通行（通り抜け道路）……公共性があり評価なし
　特定の複数の者が通行……自用地の評価×0.3
　自己の通行のみに利用……自用地の評価

セットバックを要する土地は減額できる

　建築基準法では、道路の中心線からそれぞれ2mずつ後退した線が道路の境界線と見なし、建物はその境界線まで後退（セットバック）します。このようなセットバック部分に該当する土地は、通常の30％で評価をするようになっています。

貸宅地・借地権・定期借地権・貸家建付地の評価方法

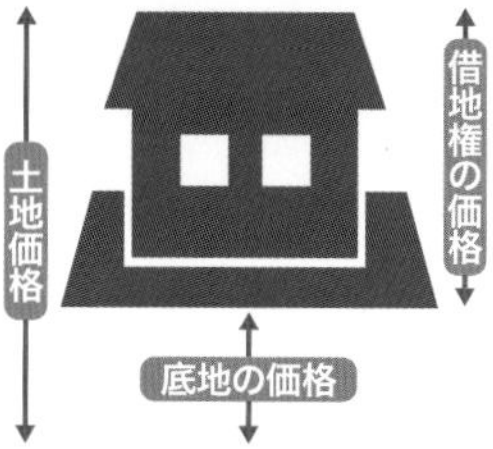

貸宅地の評価額

自用地の評価額－借地権の価額
自用地の評価額－土地価額×借地権割合
または
自用地の評価額×(1－借地権割合)

借地権の評価額

自用地の評価額×借地権割合

定期借地権の評価額

自用地の評価額×$\dfrac{\text{借地契約時の定期借地権の価額}}{\text{借地契約時の土地の時価}}$×逓減率

逓減率とは……
$\dfrac{\text{(定期借地権の残存期間に応じる複利年金減価率)}}{\text{(定期借地権の契約期間に応じる複利年金減価率)}}$
※2004年以降、基準年利率として、毎月ごとに定められることになりました

貸家建付地の評価額

自用地の評価額－自用地の評価額×借地権割合×借家権割合×賃貸割合
自用地の評価額×(1－借地権割合×借家権割合×賃貸割合)

建物が建っている土地の評価方法

土地と建物を所有			自用地の評価額×(1－借地権割合×借家権割合×賃貸割合)
土地と建物の所有が別	使用貸借	権利金※の授受がなく、地代が固定資産税相当額以下	自用地の評価額
	賃貸借	使用賃借以外	自用地の評価額×(1×借地権割合)

貸家建付地は借地権割合と借家権割合を掛けた分を引いて評価される
※権利金＝借地契約、借家契約の際に慣行として賃貸人から地主・家主に支払われる賃料・敷金以外の金銭

地積規模の大きな宅地の評価が新設された

三大都市圏の500㎡以上、その他は1000㎡以上の土地で普通住宅地区などにある場合は、地積規模の大きな宅地として「規模格差補正率」を算出し、計算する評価方法となります。土地の形状と地積の大きさを考慮した評価になり、地積、地区区分、用途地域、容積率などにより補正率を算出します。2017（平成29）年末まで適用されてきた広大地評価よりは減額率は小さくなりますが、広大地評価ができなかった角地などには適用できる場合もあります。

建物評価は固定資産税評価額となる

家屋の評価方式は「倍率方式」で、全国一律1倍になっています。つまり、固定資産税の評価額がそのまま相続税評価額になります。ただし、家屋から独立した門や塀、庭木、庭石、池などの庭園設備は、別途に評価されます。

貸家建付地が評価減されるように借家人の入っている家屋は「借家権」を差し引き、計算します。固定資産税評価額×（1－借家権割合）という算式になりますが、借家権割合は30％を用いていますから、貸家は通常評価の70％で評価されるということになります。

建築中の建物は、費用原価の70％相当額で評価します。

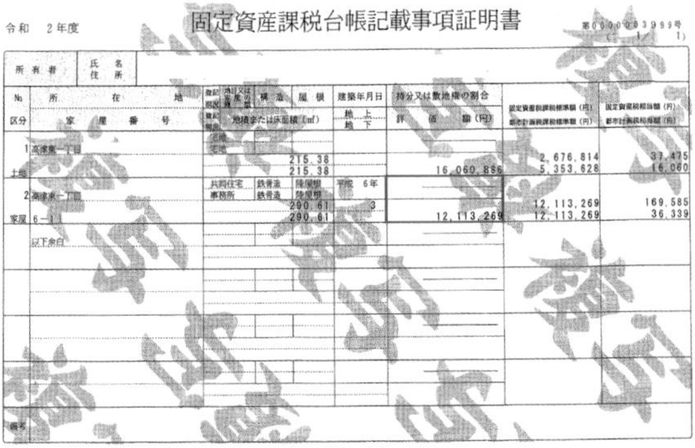
令和　2年度　固定資産課税台帳記載事項証明書

No. 区分	所在地 / 家屋番号	登記地目又は家屋の種類 / 現況	構造	屋根	地積または床面積（㎡）	建築年月日 / 地上・地下	評価額（円）	固定資産税課税標準額（円）/ 都市計画税課税標準額（円）	固定資産税相当額（円）/ 都市計画税相当額（円）
1 土地	高津東一丁目	宅地 / 宅地			215.38 / 215.38		16,060,886	2,676,814 / 5,353,628	37,475 / 16,060
2 家屋	高津東一丁目 6－1	共同住宅 / 事務所	鉄骨造 / 鉄骨造	陸屋根 / 陸屋根	290.61 / 290.61	平成 6年 / 3	12,113,269	12,113,269 / 12,113,269	169,585 / 36,339
	以下余白								

地籍規模の大きな宅地の評価

地　積	○三大都市圏500㎡以上あること ○その他1,000㎡以上あること
路線価で定める地区区分	○普通住宅地区に存すること ○普通商業・併用住宅地区に存すること
都市計画法で定める用途地域など	○市街化調整区域外に存すること （ただし、宅地分譲開発可能な土地は可） ○工業専用地域以外に存すること
容積率	○400％（東京特別区は300％）以上の地域でないこと （なお、前面道路幅員などは考慮されない）

地積規模の大きな宅地の評価額

＝ 路線価 × 各種補正率 × 規模格差補正率 × 地積（㎡）

$$\text{規模格差補正率} = \frac{Ⓐ \times Ⓑ + Ⓒ}{\text{地積規模の大きな宅地の地積……Ⓐ}} \times 0.8$$

※Ⓑ及びⒸは地積規模の大きな宅地の所在する地域に応じて定められている

株式の評価は
株式は3種類に区分される

株式には大きく分けて３つの種類があります。

１）上場株式

２）気配相場等のある株式

３）取引相場のない株式

の3つで、それぞれの評価基準が定められています。

この中の、上場株式については、評価が「株価」として明確になっているため、それほど難しい評価にはなりにくいのですが、気配相場等のある株式や取引相場のない株式については単純に評価することが難しくなっています。

気配相場等のある株式については、国税庁による方針が明らかになっており、それに従って評価額を決定します。取引相場のない株式については、評価のガイドラインに従って評価することになります。

預貯金・保険金・年金の評価

預貯金は、金融機関に預けてある残高がそのまま財産評価となります。評価は相続開始当日のものです。普通預金や通常貯金は、相続日の残高がそのまま評価額になりますが、定期預金や定期郵便貯金など貯蓄性の高いものは、預入額に課税時期現在の既経過利子を加えなければなりません。

被相続人が保険料を負担していて、相続時点で生命事故が発生していない生命保険契約については、契約者や権利を相続した人に所得税や贈与税が課税されます。

年金のうち、郵便年金は相続税の課税財産として計上します。厚生年金などの公的年金制度から支給される遺族年金には課税されません。

株式の評価の仕方

種類	評価の基準	評価方法
上場株式	取引価格	①相続開始日の終値 ②相続開始日が属する月の終値の平均額 ③相続開始日が属する前月の終値の平均額 ④相続開始日が属する前々月の終値の平均額 **①～④のうちもっとも低い価額**
気配相場等のある株式	原則として取引価格	①相続開始日の終値 ②相続開始日以前3カ月間の取引価格の月平均額 **原則として①②のどちらか低い価額**
取引相場のない株式	会社の利益・配当・資産価値または相続税評価基準による純資産価額	〈オーナー株主が取得した場合〉 大会社……原則として類似業種比準価額 中会社……類似業種比準価額と、純資産価額との併用方式による価額 小会社……純資産価額（または、類似業種比準価額との併用方式による価額） 〈オーナー株主以外が取得した場合〉 配当還元価額

相続の基礎知識⑦
贈与の仕方と違いを知りましょう

贈与税の課税①
「暦年課税」非課税枠110万円

贈与税は、一人の人が1月1日から12月31日までの1年間にもらった財産の合計額から基礎控除額の110万円を差し引いた残りの額に対してかかります。したがって、1年間にもらった財産の合計額が110万円以下なら贈与税はかかりませんし、贈与税の申告も不要です。

◇　贈与の非課税枠には、次の5つがあります。

①110万円の基礎控除による非課税枠　110万円（毎年）

②夫婦間贈与の特例による非課税枠 2000万円

③住宅取得資金贈与の特例による非課税枠 1000万円……2021年12月31日まで

④教育資金贈与による非課税枠 1500万円……2023年3月31日まで

⑤結婚・子育て資金贈与による非課税枠 1000万円……2023年3月31日まで

夫婦間贈与の特例は、夫または妻へ居住用不動産を贈与する場合、2000万円までが非課税になります。

父母や祖父母などから住宅取得等資金の贈与を受けると、一定金額について贈与税が非課税となりますが、年度や要件により、非課税枠は変わります。また、子どもや孫へ贈与をするときの非課税制度は、「結婚・出産・育児」資金の贈与について教育資金贈与や結婚・子育て資金贈与を目的とする場合は、一定の要件を満たすことで非課税になる特例があります。

贈与の非課税枠の種類一覧

①110万円の基礎控除による非課税枠……110万円(毎年)

②夫婦間贈与の特例による非課税枠……2000万円

夫婦間贈与の特例は、夫または妻へ居住用不動産を贈与する場合、2000万円までが非課税になります。住むための家、土地や取得するための現金の贈与であること、結婚してから20年以上経過している必要があることなどの要件があります。

③住宅取得資金贈与の特例による非課税枠……1000万円(2021年12月31日まで)

父母や祖父母などから住宅取得等資金の贈与を受けると、一定金額について贈与税が非課税となります。年度や要件により、非課税枠は変わります。

④教育資金贈与による非課税枠……1500万円(2023年3月31日まで)

⑤結婚・子育て資金贈与による非課税枠……1000万円(2023年3月31日まで)

子どもや孫へ贈与をするときの非課税制度は、「結婚・出産・育児」資金の贈与についての1000万円の非課税枠です。

贈与税の速算表

基礎控除後の課税価額	改正後の税額			
	20歳以上の者が直系尊属から贈与		左記以外の贈与	
	税額	控除額	税額	控除額
200万円以下	10%	—	10%	—
300万円以下	15%	10万円	15%	10万円
400万円以下			20%	25万円
600万円以下	20%	30万円	30%	65万円
1,000万円以下	30%	90万円	40%	125万円
1,500万円以下	40%	190万円	45%	175万円
3,000万円以下	45%	265万円	50%	250万円
4,500万円以下	50%	415万円	55%	400万円
4,500万円以上	55%	640万円	55%	

金融機関にて管理口座を作り子ども、孫、ひ孫に教育資金を一括贈与した場合は、1,500万円までは非課税になります。ただし、30歳までに使うことが要件です。

贈与税の課税②
「相続時精算課税」非課税枠2500万円

相続時精算課税制度は、20歳以上の子どもや孫が、60歳以上の親や祖父母から贈与により財産を取得した場合に、その財産の価額の累積額が2500万円以内であれば無税で、また、2500万円を超える場合には、その超える部分の金額の20％を贈与税として納付する制度です。

この2500万円の非課税枠は、複数年にわたって分割利用ができます。後に、親に相続が発生したときに、この贈与により取得した財産の累積額は相続財産に加算して、相続税額を算出します。

相続時精算課税制度により財産を取得した子どもや孫は、算出された相続税額から既に支払った贈与税額を控除した金額を、相続税として納付します。支払った贈与税額が相続税額よりも多い場合には、還付を受けます。

この制度は、相続のときにそれまでの贈与税額を精算して、相続税額を納税するものですから、いわば相続税の仮払い（生前相続）であって、相続税が軽減するわけではありません。従来の制度は残されているため、納税者はいずれの制度によるのかを選択することになりますが、一度相続時精算課税制度を選択すると、従来の贈与税制度に戻ることはできません。

親の所有地に子が家を建てた場合など

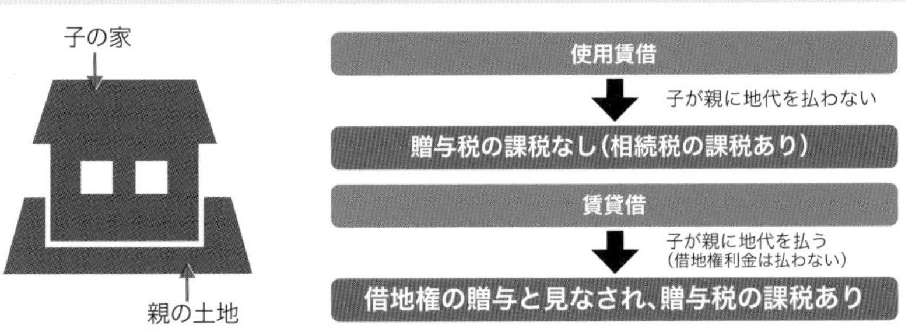

相続時精算課税制度と従来の贈与税との比較

	相続時精算課税制度	暦年課税制度
贈与税額の計算	(課税価格－2,500万円)×20% ※課税価格は贈与者ごとの合計額	(課税価格－110万円)×累進税率 ※課税価格はその年に贈与を受けた金額の合計額
贈与者の条件	60歳以上 (住宅取得等資金の贈与は条件なし)	なし
受贈者の条件	20歳以上の子どもや孫	なし
贈与税の納付	贈与税申告時に納付し、 相続時に精算	賭与税申告時に納付し、完了
相続税計算との関係	贈与時の課税価格が 相続財産に加算される	相続財産から切り離される (相続開始前3年以内の贈与は加算)
贈与税額の控除	控除できる	原則控除できない (相続開始3年以内の贈与税は 一定の割合で相続税から控除できる)
相続税を減少させる効果	なし。ただし、時価上昇の影響を受けない効果はある	あり
その他	一度選択したら、暦年課税制度は適用できない	いつでも相続時精算課税制度に移行できる

相続の基礎知識⑧
相続税の計算と相続税額の出し方を知りましょう

相続税の計算をする

相続税の算出は、①課税価格の計算、②課税対象の遺産総額の計算、③相続人全員の相続税額の計算、④各相続人の相続税を按分計算をする、⑤各相続人の加算額を考慮し、控除額を引くという5つのステップで計算します。

1）すべての財産から「課税価格」を計算する

①相続（遺贈）財産＋②みなし取得財産－③非課税財産－④債務控除＋⑤相続開始前3年以内の贈与財産により課税価格を算出します。相続前3年以内の贈与も加えます。

2）課税対象となる「課税遺産総額」を計算する

課税価格から相続税の「基礎控除額」を引いたものが「課税遺産総額」となります。「基礎控除額」とは、いわゆる課税最低限のことで、課税価格の合計額（遺産総額）のうち、これを超える部分に相続税が課税されます。

※課税価格の合計額が基礎控除以下であれば、相続税は一切かからず、申告も不要

相続税の基礎控除額=3000万円+600万円×法定相続人数

相続税算出の基本

ステップ1

課税価格を計算する

課税価格＝相続による財産＋みなし相続による財産－非課税財産＋贈与による財産－債務－葬儀費用　で算出します。

ステップ2

課税対象の遺産総額を計算する

課税遺産総額＝課税価格－基礎控除額(3,000万円＋600万円×法定相続人の数)
で算出します。

ステップ3

相続人全員の相続税額を計算する

法定相続人が、法定相続分で取得した場合発生する、各相続人の税額を算出し、合計します。　**各相続人の相続税額＝取得金額×税率－控除額**

ステップ4

各相続人の分割割合で按分する

相続税総額を各相続人が実際に相続する財産の割合で按分し、
各相続人の相続税額を算出します。

ステップ5

各相続人の控除額を引く

配偶者控除や未成年者控除など各相続人に当てはまる控除を差し引き、
それぞれが納める税額を算出します。

3）相続人全員の相続税総額を算出する

「課税遺産総額」を法定相続分で割り、「相続税の速算表」で対応する税率を掛けて控除額を差し引きます。相続人の全員分を合計して、「相続税の総額」を出します。

4）各人の実際の相続税額を按分計算する

相続税の総額を各人の実際の取得割合に応じて按分し、各人の按分割合を出し、相続税の総額に掛けて、一人ひとりの税額を出します。（按分割合は少数第2位まで）財産を2分の1相続すれば相続税も2分の1、4分の1であれば相続税も4分の1です。

相続税の速算表

法定相続分に応ずる取得金額	税率	控除額
1,000万円以下	10%	ー
1,000万円超　3,000万円以下	15%	50万円
3,000万円超　5,000万円以下	20%	200万円
5,000万円超　1億円以下	30%	700万円
1億円超　2億円以下	40%	1,700万円
2億円超　3億円以下	45%	2,700万円
3億円超　6億円以下	50%	4,200万円
6億円超	55%	7,200万円

各人の相続税額の計算

ステップ1、ステップ2

課税遺産総額 × 各相続人の法定相続分 ＝ **各相続人の取得金額**

ステップ4

各相続人の取得金額 × 税率 － 控除額 ＝ **各相続人の相続税額**

速算表より算出する

ステップ3

計算実例 〈妻・子2人、相続人が計3人で、課税価格は7,200万円〉

〈妻の場合〉

7,200万円×1/2＝3,600万円

3,600万円×20%－200万円＝520万円

〈子の場合〉

7,200万円×1/4ずつ＝1,800万円ずつ

1,800万円ずつ×15%－50万円＝220万円ずつ

相続税総額 **520万円＋220万円＋220万円＝ 960万円**

〈法定割合で相続するなら〉

ステップ4

妻960万円×1/2=480万円

子960万円×1/4ずつ＝240万円ずつ

5）相続税の2割加算と税額控除をする

被相続人の孫や兄妹姉妹は、算出税額に2割を加算します。代襲相続人となる孫は2割加算は適用されません。

相続税から差し引ける項目、税額控除は6種類あります。もっとも節税効果が大きいのは、配偶者税額控除で、取得した財産の課税価格が法定相続分以下あるいは1億6000万円以下なら相続税はかかりません。

相続税の税額控除の種類

税額控除の種類	控除の内容と要件
贈与税額控除	相続開始前3年以内に被相続人から贈与を受けていた場合は、相続財産に加えます。納めた贈与税と相続税の二重課税を調整するため、一定の割合で相続税から控除できる。
相次相続控除	被相続人が相続により財産を取得してから10年以内で、前回の相続税が課税された場合に、一定の税額が控除できます。
外国税額控除	相続または遺贈により日本国外にある財産を取得し、その財産の所在国で相続税に相当する税金が課せられたときは、日本で払う相続税額から控除できます。

小規模宅地等の特例が適用できる

小規模宅地等の特例とは、相続人が自宅や会社の土地・建物などを相続税の支払いのために手放さないで済むように、居住用であれば配偶者や同居親族、自宅を所有しない子どもが相続する場合や事業を継承する相続人がいる場合は、相続税の評価減を受けられる制度です。

居住用宅地については、330㎡まで相続税評価を80%減額できます。

会社や工場として使っている事業用宅地については、400㎡まで80%減額が可能であり、居住用宅地330㎡と事業用宅地400㎡の両方を併用して適用できるようになり、730㎡まで80%減額できます。

独立型の二世帯住宅でも適用が受けられ、老人ホームに入っていた場合も介護が必要なため入所し、自宅を貸したりしていなければ特例を適用できます。

ただし、この特例を受けるためには、相続税の申告期限までに相続人の間で遺産分割が確定していなければなりません。また、親族の経営する法人所有の不動産に住んでいる子どもは適用が受けられないなどの要件がありますので、確認が必要となります。

小規模宅地等の特例適用の要件

相続する宅地	相続する人	上限面積	減額割合
自宅などの居住用	・配偶者 ・同居または生計を一にする家族 ・持ち家のない別居家族	330㎡	80%
不動産貸付業以外の事業用	事業を引き継ぐ親族	400㎡	80%
アパート・マンションなどの不動産貸付業	事業を引き継ぐ親族	200㎡	50%

おわりに

「親子」で考える！　これからの相続対策。「残す・貯める」から資産活用へ

今までの相続対策は「残す」「貯める」ことだとされてきましたが、それでは節税にはなりません。相続になったときは残した財産に相続税がかかり、財産が減るのです。相続までの長い道のりも貯めておくだけの堅実な生活をされている方が多いことでしょう。自分たちのためのお金を使うことが少ないはずで、これでは財産を持つ価値を実感されていないように思えるのです。

しかし、財産や相続に対する考え方も変わりつつあり、少しずつ今までとは違う決断をされる人も増えてきました。変化が受け入れられる世の中になってきたと感じています。

これからは「資産活用」することで家族と快適な生活を楽しみ、相続にも備えることが相続対策となるようなトレンドを期待したいところです。

Sさん（50代・男性）のお父さんは、22年前に出版した私の本を購入して相談に来られた読者の方でした。お父さんが亡くなったとき、当社に相続コーディネートの依頼をしていただきました。記念にと22年前の本を持ってきていただき、今は私の手元にあります。

Sさんご家族に提案したのは、相続税はお母さん（70代）が配偶者控除を生かして半分にすることで納税の負担を減らせました。二次相続対策の課題は自宅や賃貸物件のある900坪の土地でした。

子どものＳさんと妹さん（50代）は共に結婚して配偶者はいるが子どもがなく、広い土地を残しても次世代がいない状況でした。維持するには固定資産税が高く、築50年の自宅と敷地内にある築35年の賃貸マンションも近いうちに建て替える必要があります。お父さんの財産は土地が大部分で建て替え資金はないため、億単位の借り入れをしなければいけないと想定されました。

そうしたリスクや不安を抱えるよりも、土地を売却して、自宅は快適なマンションに住み替え、借入のない賃貸物件も購入すれば返済がない家賃収入が得られるとアドバイスしましたところ、子どもたちが納得され、お母さんも決断されて資産組替が実現しました。

この対策ができたことからお母さんの時の相続税は80％減額となり、負担はなくなりました。賃貸物件も築年数が新しいものになり、固定資産税もぐんと減って、2倍以上の収入となり、借入返済もないので不安がなくなったということです。

自宅を相続されたお母さんだけであれば、こうした決断はできなかったと思えますが、Ｓさんも妹さんも、これからのことを考えてお母さんを説得されたのでした。対策が落ち着いた今では、Ｓさんは決断して本当に良かったと言われています。

「相続対策」も今まで通りの考えで「残す・貯める」では財産が減る時代なのですが、親世代ではなかなか切り替えることができないところ。だからこそ、子ども世代が親をサポートしながら、親子で取り組んでいただくことが必要になります。それが家族の絆を築き直すきっかけにもなるはずだと、お勧めいたします。

本書は「親子で進める相続対策」をテーマとしてポイントをご紹介しました。ご家族で参考にしていただき、皆様の相続対策が進みますよう、祈念しております。

対策を進めるにもどうしていいかわからない、専門家の意見を聞いておきたいと言われる方が多いので、無料相談の窓口も設けています。ぜひ、ご活用いただき、不安を解消しながらご家族で「相続対策」に取り組んでいただけるよう、アドバイス、提案、サポートさせていただきます。皆様にお会いでき、お手伝いすることができれば幸いです。

2021（令和3）年10月

相続実務士　株式会社夢相続代表取締役　曽根恵子

【著者】

曽根恵子（そね・けいこ）

【相続実務士】の創始者として1万4800件の相続相談に対処。夢相続を運営し、感情面、経済面に配慮した“オーダーメード相続”を提案。“相続プラン”によって「家族の絆と財産を守るほほえみ相続」をサポートしている。(株) 夢相続　代表取締役。(一社) 相続実務協会代表理事。
公認不動産コンサルティングマスター相続対策専門士

著書として「相続税を減らす生前の不動産対策」、「相続発生後でも間に合う完全節税マニュアル」(幻冬舎)、「相続はふつうの家庭がいちばんもめる」(ＰＨＰ研究所)、「相続に困ったら最初に読む本」(ダイヤモンド社)、「いちばんわかりやすい相続・贈与の本」(成美堂出版) などがある。ＴＶ・ラジオ出演、新聞・雑誌取材、セミナー講師など多数の実績あり

〔事例作成協力〕夢相続スタッフ

〔相続意識調査提供〕はなまる手帳　https://hanamaru-syukatsu.com

夢相続HP

株式会社夢相続　相談窓口

〒104-0032　東京都中央区八丁堀4-11-4 八丁堀フロント5階
TEL：03-6222-9233(代)　　FAX：03-6222-9230
相談専用　0120-333-834
URL　https://www.yume-souzoku.co.jp
YouTube 「夢相続公式YouTubeチャネル」https://www.youtube.com/watch?v=fSLsUyeJHHo

相続コーディネート業務（相続実務士®）

相続対策のご提案、サポート（生前・相続後）
不動産の売買など全般・土地活用コンサルティング
公正証書遺言証人業務・民事信託コーディネート
生命保険・損害保険の代理店業務　など相続実務全般

これからの相続対策は「残す・貯める」から「資産活用」へ
お父さん、お母さん、家族みんなで考える相続の本

2021年11月30日　第1刷発行

著者 ―――――― 曽根恵子
発行 ―――――― ダイヤモンド・ビジネス企画
〒104-0028
東京都中央区八重洲2-7-7 八重洲旭ビル2階
http://www.diamond-biz.co.jp/
電話 03-5205-7076(代表)

発売 ―――――― ダイヤモンド社
〒150-8409　東京都渋谷区神宮前6-12-17
http://www.diamond.co.jp/
電話 03-5778-7240(販売)

編集制作 ―――― 岡田晴彦・川地彩香
制作進行 ―――― 板鼻英俊(OWAVE)
編集アシスタント ―――― 藤原昂久
装丁・本文デザイン ―― いとうくにえ
DTP ―――――― 齋藤恭弘
印刷進行 ―――― 駒宮綾子
印刷・製本 ――― シナノパブリッシングプレス

ISBN 978-4-478-08489-2